O INSTITUTO NOSSA SENHORA DA GLÓRIA E A EDUCAÇÃO NO MUNICÍPIO DE FRANCISCO BELTRÃO – PR (1951-1982)

CB009204

Editora Appris Ltda.
1.ª Edição - Copyright© 2024 dos autores
Direitos de Edição Reservados à Editora Appris Ltda.

Catalogação na Fonte
Elaborado por: Dayanne Leal Souza
Bibliotecária CRB 9/2162

B443i 2024	Belliato, Moacir da Costa O Instituto Nossa Senhora da Glória e a educação no município de Francisco Beltrão – PR (1951-1982) / Moacir da Costa Belliato, André Paulo Castanha. – 1. ed. – Curitiba: Appris, 2024. 193 p. : il. ; 23 cm. – (Geral). Inclui referências. ISBN 978-65-250-7017-9 1. Irmãs escolares de Nossa Senhora. 2. Instituto Nossa Senhora da Glória. 3. Educação. 4. Sudoeste do Paraná. I. Belliato, Moacir da Costa. II. Castanha, André Paulo. III. Título. CDD – 370

Livro de acordo com a normalização técnica da ABNT

Appris
editora

Editora e Livraria Appris Ltda.
Av. Manoel Ribas, 2265 – Mercês
Curitiba/PR – CEP: 80810-002
Tel. (41) 3156 - 4731
www.editoraappris.com.br

Printed in Brazil
Impresso no Brasil

Moacir da Costa Belliato
André Paulo Castanha

O INSTITUTO NOSSA SENHORA DA GLÓRIA E A EDUCAÇÃO NO MUNICÍPIO DE FRANCISCO BELTRÃO – PR (1951-1982)

Appris editora

Curitiba, PR

2025

FICHA TÉCNICA

Então iremos, contentes, com o pouco que temos, para todo o mundo, às vilas e barracos mais pobres, para onde o Senhor nos chamar, para levar às pobres crianças a Boa Nova do Reino de Deus.

(Madre Maria Teresa de Jesus Gerhardinger)

AGRADECIMENTOS

À Comunidade das Irmãs Escolares de Nossa Senhora, funcionários, ex-funcionários e ex-alunos, que, com gentileza e simplicidade nos atenderam oferecendo suporte para o desenvolvimento da pesquisa.

Aos nossos familiares pelo apoio e compreensão.

A todos aqueles que apoiaram nossa pesquisa, de forma direta e indireta.

Às Irmãs Escolares de Nossa Senhora pelo trabalho desenvolvido no Município de Francisco Beltrão e região em prol da Educação. A todos os professores, alunos e funcionários que participaram da história do Instituto Nossa Senhora da Glória.

APRESENTAÇÃO

Com muita alegria trazemos ao público a presente obra. Ela é fruto de anos de pesquisa sobre a história do Instituto Nossa Senhora da Glória em Francisco Beltrão. O recorte da pesquisa se concentrou nos seus primeiros 30 anos da história dessa Instituição, que neste ano (2025) completou seus 73 anos de existência.

A base/roteiro dessa obra foi a dissertação defendida no Programa de Pós-graduação em Educação, da Universidade Estadual do Oeste do Paraná, campus de Francisco Beltrão, em 2017 (Belliato, 2017), que recebeu título de *O colégio Nossa Senhora da Glória e o processo de escolarização no município de Francisco Beltrão-PR (1951-1982)*. Felizmente, de 2017 para cá, foi possível avançarmos significativamente em novas pesquisas, sobre outras instituições que tiveram relações muito próximas com o Instituto Nossa Senhora da Glória e, com isso foi possível compreendermos melhor o papel que o Instituto Glória desempenhou para com a educação de Francisco Beltrão de 1952 até o início da década de 1980.

Além de novas pesquisas também tivemos acesso a novos estudos sobre Francisco Beltrão e região, que nos possibilitaram buscar outras interpretações, para além das desenvolvidas em 2017. Para a elaboração desse livro retomamos a pesquisa e incluímos novas fontes documentais e bibliográficas, além disso, retornamos às principais fontes utilizadas, e isso permitiu novas interpretações, sendo possível estabelecer novas relações entre a atuação das Irmãs Escolares, a comunidade local e os poderes públicos da época.

Asssim, apresentamos ao público uma nova obra, que sintetiza, de forma muito objetiva, a história do Instituto Glória, demonstrando os desafios enfrentados pela Irmãs Escolares para levar em frente o projeto educacional para Francisco Beltrão e região.

A história educacional do Instituto Nossa Senhora da Gloria, nos seus primeiros 30 anos de existência se confundem com a história da educação de Francisco Beltrão. Em outras palavras: não tem como entender a história da educação de Francisco Beltrão sem estabelecer relações com o Instituto Glória. Foi na sede do Instituto que funcionaram as escolas normais, o Ginásio Estadual, o Colégio Estadual Mario de Andrade e a FACIBEL, ou seja, as principais instituições educacionais do município.

O fato de o Instituto Nossa Senhora da Glória ter abrigado as principais instituições públicas da época, foi fundamental para que o Instituto se consolidasse como centro educacional e cultural da região.

Convidamos os leitores para conhecer essa rica história de parcerias entre as religiosas, a comunidade local e os poderes públicos, na busca pela qualidade da educação. Aos leitores mais velhos, apresentamos a possibilidade de reavivar suas memórias sobre as experiências dos tempos de infância e juventude. Aos jovens leitores apresentamos a oportunidade de conhecer essa rica história e compreender os desafios enfrentados pelas gerações passadas para construir essa cidade e região.

Essa é uma pequena obra que busca preservar a memória histórica e educacional da região. Preservar a memória e a história é um grande desafio que precisamos enfrentar, pois um povo sem memória é um povo sem História. E um povo sem História é um povo sem Identidade.

Os autores

SUMÁRIO

INTRODUÇÃO

No início da década de 1830, sobre os escombros da guerra provocada por Napoleão Bonaparte, que deixou famílias e crianças marginalizadas e em condições sociais desumanas, um fato marcou a história da Baviera[1] que no futuro teve impactos em Francisco Beltrão/PR. Foi sobre as misérias da Guerra que houve a fundação da Congregação das Irmãs Escolares de Nossa Senhora, no ano de 1833, com a missão de levar a educação para as meninas.

Devido a carência de educação para meninas na época, as Irmãs Escolares de Nossa Senhora venceram os desafios iniciais e, com o passar dos anos, cresceram e se expandiram para várias partes do mundo, chegando no início da década de 1950 em Francisco Beltrão/PR. Instaladas em Francisco Beltrão, as Irmãs passaram por vários percalsos, mas com muito esforço e a ajuda da comunidade local, se consolidaram como uma instituição referência em educação, no município e região.

Considerando a importância do trabalho desenvlvido pelas Irmãs Escolares de Nossa Senhora, a frente do Instituto Nossa Senhora da Glória, analisamos as primeiras três décadas da história da Instituição (1951-1982), que já está passando de setenta anos de história m Francisco Beltrão. Nesse sentido, enfatizamos a relevância de um estudo abrangente e articulado para compreender a importância do Instituto Nossa Senhora da Glória na região de Francisco Beltrão, buscando articular às questões sociais, econômicas, políticas, culturais, religiosas e educacionais, características da região no peíodo. Trata-se, portanto, de um estudo que se enquadra dentro da perspecitiva da história das Instituições escolares, como bem definiram Nosela e Buffa (2013).

A obra também ganha relevância devido à história viva, representada por diversos depoentes e não depoentes que passaram pela Institução naquele período. Além da formação primária que havia naquela época, o Instituto Nossa Senhora da Glória, também foi responsável pela instalação de dois cursos públicos de formação de professores. O Curso de Regentes de Ensino Primário, ofertado pela Escola Normal Regional/Ginasial e o Curso de Formação de professores Primários, ofertado pela Escola Normal Colegial. O estudo também demonstrou que o Instituto Glória foi alicrce

---

[1] A Baviera fazia/faz parte do território da Alemão e se encontra na região sul da Alemanha.

para a origem de outras escolas publicas e privadas na região como foi o caso do Ginásio Estadual de Francisco Beltrão, que se transformou no Colégio Estadual Mário de Andrade.

O estudo tem importância, pois preserva parte da história do Instituto Nossa Senhora da Glória, que corria o risco de ficar esquecida na memória daqueles que contribuíram e contribuem com essa história, na medida em que perdem a memória, se mudam para outras cidades ou vão para a outra vida, perdendo a oportunidade de contar essa história.

Outro elemento que precisa ser destacado é o fato de não termos encontrado estudos sobre o Instituto Nossa Senhora da Glória de Francisco Beltrão. Isso despertou nosso interesse em querer desvelar uma história que muitos desconhecem. Trata-se de uma história que se encontra adormecida nas crônicas, atas e documentos do Instituto, nos testemunhos vivos de ex-alunos, ex-professores que estudaram, trabalharam na Instituição, que precisa ser rememorada e preservada, pois teve uma significativa importância na história de Francisco Beltrão e região.

Na expectativa de encontrar ex-alunos, ex-professores, ex-diretores que passaram pela Instituição no período, buscamos suporte na História Oral, fundamentado-nos em autores como Meihy (2005) e Freitas (2002). Vale lembrar que os relatos orais constituem-se de extrema relevância em nossa investigação, visto que são fontes[2] inesgotáveis para a compreensão das questões que surgiram em torno do objeto em estudo e da prática educativa do passado. A ideia foi indagá-los para conseguirmos compreender o desenrolar dos acontecimentos dentro do contexto histórico, social, político e religioso no período estudado. Conseguimos encontrar várias pessoas que estudaram e foram professores no período.

A problemática surgiu após o contato com uma diversidade de fontes. Estes materiais encontrados evidenciaram que o Instituto esteve presente na origem de várias escolas de Francisco Beltrão e região e que trouxe contribuições para a análise das seguintes questões:

Como se constituiu historicamente o Instituto Nossa Senhora da Glória desde o primeiro contato das Irmãs em 1951 até 1982? Ampliando a questão estabeleceemos as seguintes problematizações: Qual a situação da educação em Francisco Beltrão na época? Que tipos de relações se estabelece-

---

[2] Segundo Castanha (2013), as fontes não falam por si, como afirmam os positivistas, mas são os vestígios, as testemunhas que manifestam as ações dos homens no tempo, e por isso, podem explicar um número ilimitado de fatos, dependendo das perguntas feitas pelos histotiadores, que as interrogam.

ram entre as Irmãs Escolares/Instituto, a comunidade e os poderes públicos naquele período? Que fatores levaram a consolidação do Instituto Nossa Senhora da Glória em Francisco Beltrão? Para respontede estas indagações levantamos e analisamos fontes bibliográficas, documentos, leis, fotografias entre outros e realizamos entrevistas na perspectiva da história oral.

O recorte definido para o estudo teve como marco inicial o ano de 1951, momento em que houve o primeiro contato das Irmãs Escolares com a comunidade de Vila Marrecas/Francisco Beltrão. Já 1982 expressou autonomia do Instituto, em relação ao poder público, se consolidando como uma Instituição de referência para a formação da elite beltronense.

Durante este tempo em que fizemos o levantamento dos materiais que utilizamos na pesquisa para a reconstituição de parte da história do Instituto, descobrimos que o carisma[3] de Madre Maria[4] Teresa de Jesus Gerhardinger[5], foi à base para a articulação dos projetos educacionais desta escola, que se encontra em Francisco Beltrão.

No estudo procuramos demonstrar as relações existentes entre o Instituto Nossa Senhora da Glória e o processo de escolarização em Francisco Beltrão e região. Para articular esse conjunto de fontes optamos pelo método dialético, porque, no nosso entendimento, é o mais adequado e indicado para a compreensão do desenrolar de todo este processo histórico, desde a Alemanha até o Brasil, passando por São Paulo até sua chegando/ instalação e o trabalho desenvolvido em Francisco Beltrão, nas primeiras tres décadas de existencia da Instituição.

Como nos indicaram Nosella e Buffa:

> O método dialético investiga a conexa íntima entre a forma pela qual a sociedade produz sua existência material e a instituição escolar que cria. Ou seja, o fundamental do método não está na consideração abstrata dos dois termos, escola e sociedade, relacionados *a posteriori*, mas na relação constitutiva entree eles, pois esses termos só existem nessa relação. A dialética não é

---

[3] Carisma: dons e talentos de cada cristão para o desempenho de sua missão dentro da Igreja.

[4] Percebemos nos nomes nas primeiras missionárias da Congregação das Irmãs Escolares que vieram ao Brasil, o nome de Maria. Havia antigamente na Igreja Católica uma tradição de acrescentar o nome Maria referindo-se a Maria a mãe de Jesus. Qual o significado desse gesto? Da mesma forma que Maria a mãe de Jesus se colocava como serva do Senhor, as religiosas quando ingressavam em uma Congregação, também se colocavam como servas do Senhor representada pela instituição Igreja.

[5] Madre Maria Teresa de Jesus Gerhardinger: é Carolina Gerhardinger, (1797-1879) filha de Willibald Gerhardinger e Maria Francisca Kuber. Carolina nasceu em 20 de junho de 1797 em Stadtamhof, faleceu em 9 de maio de 1879 em Muchen e foi beatificada na Basílica São Pedro em Roma no dia 17 de novembro de 1985.

uma relação mecanica que descortina, para além da aparência (escola), uma essência metafisica (sociedade). Ao contrário, é uma condição recíproca de existência (2013, p. 81-2).

A presente pesquisa é de caráter documental e bibliográfica. Nossa base documental foi as crônicas do Instituto Nossa Senhora da Glória[6], leis, decretos, atas e outros escritos de época. Como bibliografia, utilizamos diversos estudos que versam sobre a relação Estado e Igreja, sobre congregação religiosas, sobre a história regional, e especialmente sobre a história da educação regional. A base desse texto foi uma dissertação defendida por Belliato (2017), mas o que presentamos aqui é uma obra completamente remodelada, com a incorporação de novas pesquisas, novas fontes, ou seja, fizemos uma atualização e uma releitura do texto.

Como técnica, fizemos análises de documentos e entrevistas. Adotando também como técnica de trabalho, a entrevista semiestruturada, que segundo Trivinos (1992, p 147), "é um dos principais meios que tem o investigador para realizar a Coleta de Dados". A entrevista pode ser fechada, semiestruturada ou completamente aberta. Dentre as mais variadas formas de entrevistas possíveis sugeridas por Trivinos, neste caso, a mais interessante foi a semiestruturada, na perspectiva da História Oral[7] por oferecer espontaneidade e liberdade para quem foi entrevistado.

Optamos pela história oral por ela ser entendida como "um método de pesquisa que utiliza a técnica da entrevista e outros procedimentos articulados entre si, no registro de narrativas da experiência humana" (Freitas, 2002, p. 18). Para tanto, o pesquisador, ao utilizar essa prática como itinerário para coleta de dados, precisa adotar três medidas importantes, durante a pesquisa em curso, ou seja, a entrevista deve acontecer da seguinte forma: "1. A partir do projeto; 2. Na definição do corpus documental (se derivado da documentação escrita ou oral); 3. Do encaminhamento das conclusões tendo em vista o uso das entrevistas" (Meihy, 2005, p. 49).

---

[6] As crônicas registraram os principais acontecimentos vivenciados pelas religiosas entre 1951 e 1982. Nelas encontramos temas do contidiano relacionadas condições do lugar, como tipos de casas, condições das famílias, variações climáticas, conflitos políticos etc. Mas encontramos também várias situações referentes as escolas, catequese. No caso das crônicas do Instituto Nossa Senhora da Glória, se destacaram os registros referentes as dificuldades para a construção das casas/escolas, ou seja, os desafios encontrados para a construção da estrutura educacional da CANGO e da área central da cidade. As crônicas geralmente foram escritas por várias pessoas, trazendo partes que evidenciam a escrita no calor dos acontecimentos e outras, como relatos posteriores, na maioria das vezes retirados cartas. Para a análise das crônicas nos pautamos nas orientações de Dagostin e Castanha (2024).

[7] As entrevistas foram gravadas em áudio e, posteriormente, transcritas. Depois de revisado foi disponibilizado uma cópia impressa para a leitura do depoente, o qual teve a oportunidade de fazer ajustes e revisão. Após a aprovação, foi solicitado o termo de consentimento para uso como fonte documental.

Também optamos por estudar o Instituto Nossa Senhora da Glória como uma instituição escolar, por isso se faz necessário esclarecer o uso desta expressão e a busca por uma base teórica sólida para sua interpretação. Para Werle quando se pensa em história, necessariamente "implica na elaboração de narrativas acerca da vida da escola" (2004, p. 14). Com isso não se está dizendo que as narrativas se bastam em si mesmas, como caminho para a reconstituição de parte da história. Werle recorda que é fundamental "articular a noção de discurso, até mesmo pelo fato de os documentos serem textos que reconstituem a realidade e não meras fontes que retratam factos acerca da realidade" (2004, p. 14). Assim, reconstruir parte da história de uma instituição escolar, não significa produzir "um relato ou recitação de acontecimentos, mas uma narrativa com interpretações, releituras que se apresentam na dimensão de representação, de uma versão da história institucional" (Werle, 2004, p. 14).

A partir das explicações de Werle, definimos o termo instituição como "uma unidade escolar, espacialmente localizável (mesmo ocupando vários prédios dispersos), com componentes identificáveis na memória coletiva" (2004, p. 18). Assim, podemos entender que reconstituir parte da história de uma instituição escolar, "exige revisitar o projeto primitivo, a posição do fundador, aquele que lhe deu paternidade, retomar as formas de organização jurídica e material" (Werle, 2004, p. 19).

Para demonstrar o que estamos anunciando, organizamos o texto em três capítulos. No primeiro capítulo, apresentamos o resultado das análises de fontes bibliográficas, que evidenciaram os conflitos políticos que existiram entre o Estado e Igreja nos Séculos XIX e XX com suas aproximações e distanciamentos; a trajetória de Madre Maria Teresa e da Congregação das Irmãs Escolares; a relação entre o Estado e a Igreja no Brasil nos séculos XIX e XX, bem como a vinda das Irmãs Escolares para o Brasil até sua chegada em Francisco Beltrão.

O segundo capítulo foi resultado das análises bibliográficas complementadas com relatos orais de depoentes que participaram daquele momento histórico. As fontes evidenciaram como se deu a chegada, a organização e instalação da Congregação das Irmãs Escolares de Nossa Senhora em Francisco Beltrão, a construção e inauguração do prédio na CANGO, bem como a construção da estrutura atual na Rua Tenente Camargo.

O terceiro capítulo resultou de análises realizadas em fontes primárias e bibliográficas, bem como de depoimentos orais que demonstraram como o Instituto Glória tornou-se um centro de "irradiação", um epicentro que no decorrer das décadas de 1960 e 1970, contribuiu para o desenvolvimento de projetos de educação articulados ao Estado.

Neste momento, convidamos os leitores para mergulhar no texto que retrata a trajetória da Congregação das Irmãs Escolares de Nossa Senhora e seu papel na construção de uma estrutura educacional em Francisco Beltrão e região. Ainda hoje, ex-alunos e ex-professores sentem saudade dos velhos tempos do Instituto Nossa Senhora da Glória, pela formação intelectual que receberam, a qual influenciou, de forma positiva na vida de milhares de alunos. Convidamos-os a refletir sobre a história dessa instituição, que muito influenciou na história da educação de Francisco Beltrão e região.

CAPÍTULO I

A CONGREGAÇÃO DAS IRMÃS ESCOLARES DE NOSSA SENHORA DA ALEMANHA A FRANCISCO BELTRÃO-PR

Neste capítulo centraremos a nossa atenção na congregação das Irmãs Escolares de Nossa Senhora, fundada por Carolina Gerhardinger na Alemanha, buscando compreender a trajetória dessa instituição em meio aos conflitos entre Igreja e Estado.

Com a ascensão ao trono do rei católico Ludovico I em 1825, a educação católica novamente adquiriu espaços para se reorganizar na Alemanha. Em 1833 surgiu a congregação das Irmãs Escolares com uma proposta de ensino diferenciada dando preferência àquelas crianças mais pobres. A congregação cresceu na Alemanha e de lá se expandiu por diversos países da Europa. Ainda em 1847, devido à insistência de vários bispos, a congregação fundou comunidades nos Estados Unidos.

Com a ascensão de Hitler ao poder, as ordens religiosas passaram a ser perseguidas na Alemanha. Isto fez com que elas buscassem se instalar em outros países. Foi assim que em 1935, um grupo de irmãs partiu da Silésia para Forquilhinha em Santa Catarina e em 1937, as religiosas da província da Baviera migraram para São Paulo instalando-se em Matão. Foi desse grupo de São Paulo que se originou a comunidade de Francisco Beltrão.

1.1. Estado, Igreja e educação no século XIX aproximações e distanciamentos

O contexto em que Carolina Gerhardinger nasceu e cresceu foi marcado por momentos de grandes tensões em sua pátria. Ocorreram disputas políticas e religiosas causada por um modelo de governo embasado na ideologia iluminista. Esse sistema governamental sustentava a ideia de que o uso da razão deveria prevalecer, impossibilitando as pessoas de viver uma crença religiosa. Aliás, essa crença era entendida pelas novas autoridades como algo supersticioso e um poderoso instrumento de alienação. Instalou-se na Alemanha naquele período as bases para o ateísmo.

Conforme Nelson:

> O país no qual Carolina nasceu não era a Alemanha que nos é familiar hoje. Em 1648, o tratado da Vestefália tinha terminado a "Guerra dos Trinta Anos", muitas vezes citada como guerra religiosa. Esse conflito viu monarquias católicas aliadas com monarquias protestantes, contra outras nações católicas para criar "equilíbrio de poder", um conceito que dominaria mais tarde o movimento político do século XIX na Europa. Em 1806 o santo Império Romano foi dissolvido e substituído por uma criação Napoleônica, a "Confederação do Reno". Excluindo a Prússia e a Áustria da sua reorganização dos territórios alemães; Napoleão procurou enfraquecer estes maiores. Por outro lado, através da secularização de muitas terras da igreja, algumas das quais eram adquiridas pela Baviera, ele fortificou, tornando-a um estado mais proeminente. Foi nesta época crítica que um bom número de ordens religiosas de ensino, na Baviera, foram secularizadas, entre elas, como vimos a Congregação de Notre Dá-me, fundada na Lorraine (Lorena), no fim do século XVI, por São Pedro Fourier (1979, p. 18).

Conforme o autor, a Alemanha havia saído de um conflito sangrento por disputas territoriais, conflitos esses definidos por alguns historiadores como de guerras religiosas. Naquele período, quem estava comandando a região da Baviera era um grupo que se contrapunha declaradamente à doutrina da Igreja Católica, comandada pelo general estrategista francês Napoleão Bonaparte. Tratou-se do movimento iluminista que teve sua origem na França e estava fazendo uma oposição radical aos ideais da Igreja Católica. Napoleão Bonaparte se destacou como líder deste movimento e se contrapôs ao poder político vigente, bem como ao modelo de Igreja da época.

A ideia de Napoleão era estabelecer entre as regiões alemãs igualdade de poder. Para isso, Napoleão entendeu que seria necessário, em primeiro lugar, exterminar o império Romano Alemão, para então, estabelecer uma nova articulação territorial para controlar as regiões que mais lhe interessavam. Tanto foi, que logo em seguida instalou- se a Confederação do Reno. Com esta nova rearticulação territorial, ficou de fora a Áustria e a Prússia. Por quê? Porque o interessee de Napoleão estava na Baviera, por isso, desestabilizou e deixou bem vulnerável a Áustria, a Prússia e, concomitantemente confiscou as terras da Igreja Católica do Império Alemão na Baviera, transformando-a em uma região estratégica e mais forte que as outras.

Para cumprir seu objetivo, Napoleão contou com seu exército poderoso, usando do arsenal militar que tinha à sua disposição, praticamente dizimou a Baviera deixando-a em um estado, "de extrema pobreza moral, social e econômica. Além da guerra, como slogan: 'abaixo com a superstição'. O iluminismo dirigia a guerra contra a fé cristã e contra a Igreja Católica" (Arns, 2012, p. 29). Movido pelo interesse de divulgar e implantar as ideias do iluminismo francês, os militares combatiam de forma avassaladora a religião católica e protestante, que eram vistas pelo movimento revolucionário como um retrocesso na sociedade.

De forma imperativa, rápida e sem explicações, todas as instituições escolares religiosas foram proibidas de ensinar sendo monitoradas constantemente pelas autoridades governamentais. Para Arns as escolas religiosas "deviam ser substituídas por instituições estatais" (2012, p. 29). Assim, foram ganhando espaço e força as escolas estatais dentro de uma visão educacional laica.

Por que os governantes estavam modificando a forma de ensinar? Será que a educação na Baviera estava apresentando uma concepção reduzida de mundo? Será que estava faltando elementos racionais no ensino para provocar uma concepção de mundo mais abrangente, que ultrapassasse o parcial e limitado modo de ensinar da concepção católica? Essas respostas não nos cabe trazer aqui. O fato é que segundo Arns, "inúmeras escolas de instituições religiosas foram fechadas em 1809 uma vez que já vinham enfrentando dificuldades desde 1803" (2012, p. 29).

Dix complementou afirmando que:

> Nas últimas semanas de escola elementar de Carolina, os dias se tornaram sombrios, com o fechamento de sua querida escola conventual. Embora as irmãs tivessem suportado a tempestade de secularização de 1803, quando outros conventos foram extintos, as exigências de impostos da guerra e outras taxas, intoleráveis, a dura interferência governamental nas suas escolas, nos métodos de educação e mesmo na vida conventual forçou as irmãs a pedirem a seu bispo o fim da instituição. No dia 15 de agosto de 1809 foi rezada a última missa; o oratório foi fechado e no dia 10 de setembro, as irmãs deixaram o lugar onde haviam trabalhado durante 80 anos. Um jornal anunciou o leilão público de suas posses: uma cômoda, mesas, cadeiras, esculturas e pinturas, duas vacas, vinte metros quadrados de lenha e a produção de sua horta (1993, p. 21).

Desde então, havia um controle total da vida religiosa e da vida pessoal de cada irmã. As religiosas eram vigiadas, não tinham liberdade de expressão, pois tudo era controlado. Tais medidas governamentais tinham por finalidade a expulsão das religiosas do serviço educacional. Foi uma política de exclusão adotada contra os religiosos e religiosas católicos que não aceitavam as mudanças. Mas quais as razões da resistência em não aceitar as reformas educacionais? Nos bastidores de tudo isso, provavelmente estava a preocupação da Igreja com a instalação do ateísmo e do liberalismo e a perda da hegemonia da doutrina da Igreja Católica e ou Protestante.

A escola das Cônegas Agostinianas que Carolina estudava fechou. As religiosas não suportaram a enorme pressão governamental articulada em taxas de guerra altíssimas e a direta influência e controle no modo de ensinar e na vida conventual. As irmãs tiveram que fechar definitivamente a escola conventual. Assim, no dia 15 de Agosto de 1809 foi celebrada a missa pela última vez no oratório do convento e as simples e poucas coisas que as Cônegas possuíam foram leiloadas. Conforme Dix, as Irmãs que recebiam um salário do governo precisavam sobreviver como costureiras. "A tristeza pela destruição da sua comunidade conventual foi intensificada pela dor dos pais e das crianças que haviam perdido a escola, e pela preocupação do padre Wittmann, que enfatizava o valor da educação feminina" (Dix, 1993, p. 21).

A situação foi se tornando cada vez mais difícil para as jovens religiosas ensinarem sob o controle total pelo governo. Nos debates sobre aquele período, no documento do III Encontro Interprovincial de Educação das Irmãs Escolares da América do Sul (1999), destacou-se que na Alemanha, sob o domínio do sistema iluminista, imperava:

> O espírito anti-clerical e principalmente anti-religioso que tinha como meta, tirar o povo da "escravidão", da superstição religiosa e automaticamente levá-los a autodeterminação exercitando o uso da razão. Assim, esta ideologia provocou o confisco dos bens da Igreja e a secularização dos Conventos e Escolas (Madre Teresa e os Desafios da Educação, 1999, p. 7).

Estava claro que havia uma pressão psicológica emocional violenta sobre o clero, de modo geral, e também contra as religiosas. Foram os momentos de dificuldades que forçaram as religiosas a iniciarem projetos novos.

Segundo Nelson (1979) e Arns (2012), em Regensburg havia o pároco da Catedral e seu nome era George Michel Wittman, que gostava de educar as crianças e, preferencialmente por aquelas mais pobres. Padre Wittman, também, era pedagogo e inspetor escolar das cidades de Regensburg e Stadtamhof e ficou abalado com o fechamento das escolas. Diante de tamanhas dificuldades, um grupo reduzido de professores da Universidade de Landshut com Wittman, entendeu que a solução dos problemas sociais e religiosos poderiam ser resolvidos com a educação para as mulheres e, de modo particular para aquelas que viviam nas zonas rurais e pobres.

Um fato importante para a futura congregação foi que entre os alunos da Universidade de Landshut, "se encontrava o futuro Rei da Baviera, Ludovico I (1786- 1868), que em 1825 subiu ao trono, fazendo grandes mudanças" (Arns, 2012, p. 32). O Rei se aconselhava com seus antigos professores Sailer e Wittmann a respeito da reconstrução das escolas católicas e também da fundação de novos Institutos. Para Arns, "todas as outras instituições dependiam do Estado" (2012, p. 32).

Conforme Cruz, em certa ocasião, o Rei Ludovico I afirmou que "era impossível uma nação estar em paz, sem a vivência religiosa" (1992, p. 18). Será que a vivência religiosa era tão importante assim? A religião era um instrumento de emancipação ou de alienação social, sendo as condições de vida compreendidao como vontade de Deus? O Rei entendia que o futuro de uma nação era a infância e a juventude, mas qual o modelo de formação era a ideal para o Rei? A opção por favorecer escolas católicas, se deu pela formação recebida em uma universidade católica ou isso favoreceu ao controle do povo pelo Estado? São questões relevantes que merecem ser investigadas em outros momentos.

Para Eby "durante os últimos 150 anos, o tipo de educação desenvolvido pelos povos da Europa Ocidental difundiu-se por todos os países civilizados e, por toda parte, tendeu a se separar do controle eclesiástico" (1978, p. 462). A constatação de Eby evidencia que se tratava de uma forma muito interessante e que funcionava, apresentando importantes resultados do ponto de vista prático. Eis a razão, pela qual, o modelo alemão influenciou diretamente os sistemas educacionais de outras civilizações.

Entende-se assim porque acreditavam ser necessário se libertar de um modelo educacional que havia se tornado supersticioso e fantasioso e, por isso, um obstáculo para o conhecimento profundo da realidade, a qual a sociedade estava inserida. O ensino religioso era visto como um atraso e com consequências sérias para o futuro.

Como destacou Eby, o império Alemão, obteve destaque na história política europeia e na formação do sistema educacional durante o século XIX. Segundo ele, "esse resultado foi devido, principalmente, ao desenvolvimento da hegemonia prussiana entre os estados germânicos. A eficiência de seu sistema escolar tornou-se modelo para todos os Estados" (1978, p. 462). Assim, passou a predominar uma visão mais racional da realidade e de seus acontecimentos superando aquela concepção medieval de que tudo era vontade de Deus.

Conforme Huffner:

> Durante a juventude de Carolina, o Classicismo alemão buscava inspiração no ideal da "nobre simplicidade e silenciosa grandeza". Goethe escreveu seu "Fausto"; Shiller, o "Wallenstein"; Haydn compôs seus "Oratórios"; e Bethoven, as primeiras sinfonias. A "literatura romântica exaltava as grandes paixões e celebrava o indivíduo. O período mais sóbrio encontrava sua expressão no realismo, em meados do século. Na arte alternavam as formas serenas e puras da arquitetura clássica com os quadros emotivos dos pintores românticos que se inspiravam em motivos de contos e sonhos saudosos da Idade Média. Quando a vida de Carolina chegava a seu fim, os impressionistas franceses começavam um estilo de pintura totalmente novo, baseado na luz e na cor. Dostojewiski e Dickens escreveram seus romances sobre a miséria humana; Brahms e Bruckner, Wagner, Verdi e Tschaikowski deram a música novos impulsos (1979, p. 18).

O texto acima revela uma sociedade alemã que almejava algo novo. Reflete uma sociedade inquieta, insatisfeita da forma como se encontrava. Foi o teatro e a música (destaque para Richar Wagner[8] entre outros artistas), que deram um novo impulso à arte e a literatura, as quais se tornaram canais que possibilitaram novas descobertas, ocupando parte significativa do poder da religião.

A Igreja já havia chegado ao máximo em um estágio de estagnação e não correspondia mais para as transformações econômicas, sociais em pleno curso sendo pouco compromissada com os problemas de sua época. A Igreja do século XIX foi indiferente e incapaz de responder às necessidades e aos apelos do seu tempo, estando em uma grande decadência, envolvida apenas com os aspectos do culto litúrgico cristão, com bens materiais, esquecen-

---

[8] Richar Wagner nasceu em Leipzig em 22 de maio de 1813 na Alemanha e foi mestre, compositor e diretor de teatro. Morreu em Veneza no dia 13 de fevereiro de 1883.

do-se de desempenhar um papel importante e determinante, do ponto de vista social, humanista e solidário, diante das dificuldades enfrentadas pela maioria de seus fiéis mais pobres.

Os países europeus eram cada vez mais influenciados pelo liberalismo. O papa Pio IX[9] (1846- 1878) e a Cúria Romana, constatando que por de traz da ideia de um estado leigo se estabelecia um mundo sem Deus (ateu) tomou a decisão de dar uma resposta firme através do Documento intitulado Syllabus[10], publicado em 1864.

Não foi por acaso que a literatura romântica do século XIX, exaltava as grandes paixões e destacava a pessoa do indivíduo. Essa trazia a tona novamente o saudosismo da Idade Média. Renomados escritores da literatura russa e inglesa como Dostoiévski e Dickens que percebendo os problemas sociais de sua época escreveram romances sobre a miséria humana, apontando alternativas mais humanas para os indivíduos.

Da mesma forma que a "Revolução Industrial" trouxe "progresso" provocando crescimento das cidades, ela também foi a responsável pelas enormes "fraturas" sociais que a migração dos campos provocou nas cidades. Surgiram as enormes fábricas que absorveram a mão de obra de toda a região ocasionando a falência de pequenas empresas. A consequência disso tudo foi o surgimento de um pequeno grupo de milionários, de um lado e, do outro, uma enorme massa de proletários sem seus direitos fundamentais garantidos. Não se pode negar que grandes invenções diminuíram a fome e a mortalidade infantil, todavia, para a grande maioria da população empobrecida e explorada, a justiça era algo inatingível.

De acordo com Huffner:

> A Igreja nem sempre encontrou a força de anunciar a Boa Nova. Embora Adolf Kolping (1813-1865) recomendasse a seus religiosos que o "sacerdote deve inclinar-se até a terra para levantar aqueles que estendem a mão, pedindo

---

[9] Pio IX, cujo nome de batismo era Giovanni Maria Mastai Ferreti nasceu em 13 de maio de 1792 em Senigallia – Itália estudou em Roma. Queria ser militar, mas não conseguiu por ser epilético. Foi ordenado em 1819 e trabalhou no Chile. Em 1825 foi nomeado arcebispo de Espoleto. Em 1840 já era cardeal e em 1846 foi eleito Papa e assumiu o nome de Pio IX para homenagear seu antigo benfeitor Pio VIII. Durante seu pontificado criticou duramente o falso liberalismo, condenou o panteísmo, o naturalismo, o socialismo, o comunismo bem como a maçonaria, o judaísmo e outras organizações tidas como contrárias à doutrina católica. O Papa Pio IX insistia que a única teologia e filosofia que deveria ser seguida era a de São Tomás de Aquino. A Biografia do Papa Pio IX em: www.vatican.va/news. O Papa Pio IX desempenhou uma função muito importante na história da Congregação das Irmãs Escolares autorizando e reconhecendo eclesiasticamente a forma de vida simples que elas se propunham viver de maneira definitiva em 26 de agosto de 1865 (Oeshtel, 2012, p. 25).

[10] Syllabus: Lista de erros que o papa condenou. (Dicionário Aurélio, 1999, p. 1854).

auxílio"; embora o bispo "social" Wilhelm Emanuel von Ketteler (1811-1877) lembrasse aos estados sua obrigação de solucionar a questão social, contudo, em sentido amplo, havia na Igreja uma funesta indiferença frente aos problemas dos trabalhadores. O manifesto comunista conclamava, em tons apaixonados, para a revolução. "Busco cidadãos para o reino da liberdade", foi o lema da primeira revista feminina com temas sociológico-pedagógicos dirigida por Louise Otto-Petters (1819- 1895). Ela conclamou a mulher a se tornar independente, a desenvolver-se sua personalidade, a interessar-se pelos direitos civis e pela situação dos pobres. Mostrou a miséria das operárias, a falta de educação das meninas e a dependência indigna das mulheres casadas. Ao mesmo tempo, que Louise Otto-Petters dava motivo para falar de si como publicitária socialista. Teresa Gerhardinger, urgida por responsabilidade cristã, construía sua obra de ensino e educação da mulher (1979, p. 18).

A Igreja Católica naquele contexto se comportou de forma indiferente frente aos problemas sociais. Ela não usou dos mecanismos que disponibilizava na época para denunciar as injustiças e promover a dignidade das pessoas. Era muito raro uma autoridade eclesiástica se manifestar para debater e questionar os problemas sociais, até porque, a Igreja era proprietária de grandes áreas de terras.

O sacerdote alemão Adolf Kolping (1813-1865) desempenhou em sua época um trabalho de caráter humanitário. Ele dialogava de uma forma franca com os padres a respeito da postura que cada um deveria adotar diante de uma realidade tão opressora em que os mais pobres se encontravam. Kolping dizia aos padres que deveriam ser a voz dos sem voz e sem vez, denunciando as injustiças sociais. Naquele período, não foram muitos os padres e bispos que tiveram determinação em demonstrar que o Estado, bem como a Igreja devia cumprir a sua função social humanista. Eram poucos os que ofereciam uma resposta equilibrada para resolver os problemas dos trabalhadores, oprimidos e explorados pela revolução do século XIX, que enriqueceu uma minoria e empobreceu e explorou a grande maioria, sem nenhum escrúpulo. Quais as vantagens para os proletários viver dentro de um sistema que tem como ponto de partida as ideias contraditórias do capitalismo?

Somente com o Papa Leão XIII (1878 - 1903), foi que a Igreja de Roma resolveu tomar uma decisão publicando a primeira encíclica com um conteúdo tipicamente social. A encíclica *Rerum Novarum*[11] surgiu como uma resposta aos problemas sociais de seu tempo. Nesta Encíclica ficou clara a posição da Igreja diante dos desafios sociais no continente europeu.

O governo com ideias do iluminismo francês que administrava a Baviera naquele momento entendia que a educação cristã, da forma como era aplicada, impedia a população de ter acesso ao conhecimento como deveria ser por estar carregada de ideias católicas supersticiosas que alienavam as pessoas do verdadeiro conhecimento. Esta metodologia deveria mudar o quanto antes. A primeira medida tomada de forma radical, consistiu em praticar uma política de fechamento dos conventos católicos que normalmente funcionavam como escolas.

Todavia, entre 1919-1933, a Alemanha constituiu-se como a República de Weimar como resultado da derrota esmagadora da Alemanha na primeira Guerra Mundial, cujo inimigo foi os Estados Unidos. A República de Weimar foi à primeira democracia parlamentar da história alemã. Naquele período, existia por lei, a liberdade religiosa. "Ateia, deísta, panteísta qualquer associação podia ser reconhecida pela administração com a condição de não ferir o direito público. O Estado garantia a sua autonomia defendia contra qualquer ofensa seus princípios, às suas cerimônias ou dependências" (Richard, 1988, p. 148).

Na República de Weimar houve um cidadão chamado Gustav Wyneken, que tinha a pretensão de desenvolver uma educação mais voltada para a juventude. Era filósofo e estudou Schopenhauer e Hegel. Para ele "o papel da educação era encaminhar a humanidade para um progresso espiritual, formar cavaleiros do espírito livre de qualquer constrangimento político ou religioso" (Richard, 1988, p. 167).

Wyneken fomentava entre as crianças e a juventude de sua época "comunidades escolares livres, no interior das quais as crianças descobririam por si mesmas o sentido da responsabilidade e o gosto por ela. Nessa perspectiva, fundara em 1906, na Turíngia, a Escola Wickerdorf" (Richard, 1988, p. 167). Nesta escola, as crianças e os jovens escolhiam uma pessoa como orientadora que não impunha um saber pronto, mas se propunha conduzi-los conforme a sua personalidade. Wyneken foi muito perseguido por suas ideias libertárias.

Essa metodologia de aprendizado a partir da liberdade de escolher o que aprender sem forçar o aluno, mas deixá-lo livre para escolher o estudo da disciplina que lhe agradasse, tornou-se uma importante revolução pedagógica

---

[11] A Carta Encíclica foi escrita pelo Papa Leão XIII e divulgada em 15 de maio de 1891.

na República de Weimar. Ou seja, "cada um se organizava de acordo com seu interesse e capacidade. [...] E nos dias bonitos, essas reuniões amigáveis se desenrolavam ao ar livre, na orla de uma floresta ou nos prados" (Richard, 1988, p. 168). Diante da repercussão, mediante os resultados alcançados, inúmeras escolas a partir deste modelo autônomo começaram a funcionar na Prússia e eram mistas, sem se submeter a nenhum diretor. Os professores possuíam total liberdade para atuar com autonomia. Quanto aos pais e visitantes, "podiam a qualquer momento entrar nas salas de aula e assistir aos cursos. [...] O cinema e o rádio eram utilizados regularmente" (Richard, 1988, p. 168).

Segundo Wernet (2002):

> Com a subida de Adolf Hitler ao poder, em janeiro de 1933, começou, para a Alemanha, um processo sistemático de desmantelamento do regime liberal democrático da República de Weimar e, paralelamente, o estabelecimento de um regime totalitário e ditatorial: o Terceiro Reich - 1933 a 1945. No ano de 1934, Adolf Hitler acumulou ao cargo de Chanceler o de Presidente da Alemanha. Este cargo ficou vago, após o falecimento de Paul Von Hindenburg, último Presidente eleito da República de Weimar. Foram dissolvidos o Parlamento e os Partidos Políticos. Restou apenas o partido de Fuhrer - NSDAP (*Nacionalsozialistishe Partei Deutschands*). Estabeleceu-se um controle estatal e absoluto de instituições como imprensa, rádio, cinema e teatro. O terceiro Reich, obviamente, procurou também o controle das Igrejas e das instituições escolares, como Escolas Primárias, Técnicas, Ginásios, Seminários e Colégios particulares, Universidades e Institutos de formação de professores. O controle das instituições eclesiásticas foi retardado pela concordata de 20/07/1933, entre a Santa Sé e o Terceiro Reich. Mas a partir de 1935, não havia dúvida de que o culto ao Fuhrer e a ideologia do Nacionalismo e do racismo deveriam substituir a tradicional cosmovisão cristã (2002, p. 47).

Diante deste cenário desastroso para a Igreja e para os Institutos de Religiosos e Religiosas na Alemanha, os anos seguintes foram cada vez mais difíceis. As religiosas estavam em situação delicada ou se submetiam às normas do novo regime, ou então seriam consideradas como inimigas do governo totalitário.

A situação tornou-se insustentável diante do poder de Adolf Hitler e todo seu autoritarismo. As irmãs foram prejudicadas novamente em todos os sentidos, tanto materialmente com a expropriação de suas escolas e conventos, como também intelectualmente não podendo exercer a profissão dentro de suas convicções religiosas. Elas estavam pressionadas por uma política de exclusão total e anticlerical do governo alemão. As pessoas que não se sujeitassem a seus comandos eram simplesmente descartadas. Diante deste quadro de mudanças e exclusão, muitas irmãs se capacitaram para a área de enfermagem uma vez que elas também precisavam sobreviver ganhando o pão de cada dia.

Antes da segunda Guerra Mundial (1939-1945), quando o regime de Hitler tinha-lhes tirado muitas escolas proibindo-lhes o ensino, algumas as irmãs fugiram do regime nazista para o Brasil. Elas vieram de duas diferentes províncias da Alemanha, de forma que, quando chegaram no país, o primeiro grupo se instalou em Forquilinha/SC, pertencendo atualmente à Província de Porto Alegre, vindas da região da Silésia. O segundo grupo, partiu da Baviera, desembarcou no Porto de Santos em 1937 e se instalou na cidade de Matão/SP, nas proximidades de Araraquara. A trajetória deste grupo, de São Paulo para nós é mais relevante, pois foi de lá que as irmãs vieram para Francisco Beltrão.

1.2. A Trajetória da Madre Maria Teresa e a Congregação das Irmãs Escolares de Nossa Senhora

Carolina Gerhardinger (1797-1879), era seu nome de batismo. Filha de Willibald Gerhardinger e Maria Francisca Kuber, nasceu em 20 de junho de 1797, em Stadtamhof e faleceu em 9 de maio, de 1879, em Müchen aos 82 anos.

Carolina Gerhardinger cresceu dentro de um contexto de tensão provocado pela guerra napoleônica. Não demorou muito tempo para ela descobrir o seu grande potencial como educadora. Para Arns "As crianças gostavam de vir às aulas do Padre Mauerer e suas jovens professoras auxiliares. No inverno até traziam lenha para a escola a fim de que, por causa do frio as aulas não fossem suspensas" (2012, p. 33).

Carolina Gerhardinger convivendo e presenciando as dificuldades e conflitos daquele momento histórico, idealizou um modelo diferente daquele que havia na sua época. Sob a orientação do bispo Wittmann, do padre Francisco Sebastião Job e padre Siegert. Conforme indicou Arns era:

Fundar pequenas comunidades rurais inseridas, com 2 ou 3 irmãs, vivendo da confiança da Providência Divina [...] devemos viver de acordo com o povo pobre daquele lugar que nos receber, viver de esmolas e contribuições oferecidas [...] para a educação e o ensino do povo pobre" (2012, p. 66-67).

Conforme Dix "em 1812 as jovens Carolina Gerhardinger, Anna Praun e Anna Hotz fizeram o exame e foram aprovadas e então receberam seu certificado para a Volkschule (escola elementar)" (1993, p. 27). No ano seguinte iniciaram o ano escolar como professoras reconhecidas pelo estado.

Em 1815, Carolina decidiu iniciar um trabalho educacional diferenciado do que havia e, segundo Oesthel, ela "conversa com o cônego Wittmann a respeito de seu propósito da possível fundação de uma ordem, como pode ser constatado em anotações posteriores" (2012, p. 11).

Conforme Nelson:

Em 1818 Wittmann estava começando seus planos para a restauração do convento de Notre Dame, em Stadtamhof. L. Ziegler explica que Wittmann percebia que para levar novamente as pessoas a um amor, à simplicidade e ao zelo pela vida de oração e trabalho, era necessário começar a formar as meninas. Para isto, eram necessárias professoras provenientes do povo simples, que partilhassem sua vida simples [...] pudessem ser enviadas pelo mundo. [...] Wittmann já percebia que o novo instituto diferia do modelo de mosteiros grandes e formais [...]. Um instituto que enviasse seus membros dois a dois e três a três, pelo país. O essencial para este seu esquema era a mobilidade, formação comum, uma casa mãe para a formação e educação das postulantes e noviças e para o cuidado dos doentes e irmãs idosas, bem como uma Superiora Geral para a administração Geral (1979, p. 22).

A educação católica da Baviera foi substituída pelo modelo estatal. Padre Wittmann começava, ainda que mentalmente, uma mobilização contra-hegemônica, com planos de reformar o prédio do Convento de Notre Dame em Stadtamhof para uma retomada da escola. Mas, o novo modelo de religiosas, idealizado por ele para este trabalho, não poderiam ser da mesma forma de antigamente, como os grandes conventos das Congregações e Ordens Tradicionais da Igreja Católica. O trabalho com a educação básica que pretendia retomar nos moldes do catolicismo, necessariamente, precisaria ser a partir da formação das meninas, de procedência das classes mais pobres da sociedade da Baviera. O novo modelo deveria oferecer mobilidade e formação comum para as candidatas, com uma administração central, oferecendo assim mais praticidade e simplicidade.

Para Cruz fez um registro sobre o que aconteceu nos primeiros anos de experiência docente de Carolina e suas amigas:

> Estavam ocupando as grandes salas do Colégio das Irmãs de Nossa Senhora. Mas de repente numa frieza glacial, o governo transformou o ex-claustro em quartel para soldados. As três professorinhas tiveram que alojar-se numa sala apertada, junto ao hospital da cidade. E esta salinha era ocupada por uma senhora idosa que, além disso, guardava consigo um cabritinho travesso (1992, p. 12-13).

Pelo relato evidencia-se uma atitude indelicada e desrespeitosa dos militares para com as professoras. O convento foi transformado em quartel de soldados. Com isso, a situação ficou cada vez mais difícil para as professoras continuarem com as aulas. Muito além do clima tenso, tudo começava ficar improvisado e apertado, faltava o material escolar, o ambiente já era extremamente inadequado e pairava uma insegurança total.

A imagem a seguir, ilustra a cena descrita por Afonso de Santa Cruz. A adaptação educacional foi necessária, pois a jovem professora encontrou dificuldades no magistério naquele contexto de mudanças.

Imagem 1 Um cabrito com seus berros atrapalham as aulas de Carolina.

Fonte: Arns, 2012, p. 34.

Carolina ainda sentia um grande interesse pela vida religiosa e iniciou uma experiência com duas amigas em 1820. Uma delas resolveu abandonar o projeto e foi morar com seu irmão. No entanto, a convicção de Carolina aumentava ainda mais com sua experiência original. Conforme Oesthel "depois do ano 1825, o novo rei da Baviera, Ludwig I, voltou a permitir ordens religiosas" (2012, p. 11).

Segundo Oesthel, "neste meio tempo, Carolina tornou-se uma professora entusiasmada, não restando nenhum resquício daquela oposição contra a tarefa monótona e enfadonha de ser professora" (2012, p. 10). A certeza se concretizou a partir das orientações do padre Wittmann, que sugeriu e apoiou Carolina para fundar uma Congregação de Religiosas, que desenvolvesse um trabalho na área de educação, com meninas e moças. A partir das orientações do seu diretor e pedagogo Padre Wittmann e do Padre Mauerer, Carolina foi criando gosto pela ideia da fundação de uma Congregação. Mas qual seria o foco principal? O trabalho direcionado para a educação feminina e, preferencialmente para as crianças mais pobres.

No dia 24 de Outubro de 1833, conforme Dix "a jovem Carolina com suas três companheiras começaram oficialmente a Congregação das pobres Irmãs Escolares de Notre Dame (Nossa Senhora)" (1993, p. 13). Na imagem a seguir podemos visualizar Madre Maria Teresa Gerhardinger[12]. A Madre foi a fundadora da Congregação e depois, a articuladora dos projetos educacionais.

---

[12] Carolina Gerhardinger tornou-se Madre Maria Teresa Gerhardinger da Congregação, a partir do momento em que ela e suas companheiras iniciaram oficialmente a experiência como religiosas. A palavra Madre, na vida religiosa significa: Mãe, a que responde pelo grupo, articula, orienta, direciona as atividades e todos os acontecimentos em torno da congregação.

Imagem 2 Madre Maria Teresa Gerhardinger

Fonte: Osthel, 2012, p. 2.

Naquela época, as congregações, de modo geral eram ricas, sendo que as religiosas se dedicavam, em sua maioria, às classes médias e altas da sociedade europeia. Segundo Arns, o projeto das Irmãs Escolares tinha características específicas, pois "era voltado de forma exclusiva às classes mais desfavorecidas" (2012, p. 66). Conforme destacou:

> [...] em 1836, as irmãs assumiram uma escola em Schwarzhofen, tanto que entre 1833 e 1843, já tinham sido fundadas 12 casas filiais e outras 40 localidades demonstravam interesse no projeto educacional católico das Irmãs Escolares de Nossa Senhora. Com o passar dos anos, o convento de Neunburg já não tinha mais capacidade para o acolhimento de novas candidatas que procuravam aquela proposta do carisma educacional. Na verdade, inclusive o número de religiosas já naquele breve espaço de tempo, eram 59 (Arns, 2012, p. 71-73).

Arns destacou o rápido crescimento da congregação, pois o trabalho das religiosas despertava a atenção dos moradores, de tal forma que outros lugares também solicitavam a presença das irmãs. Isso evidência a carência da população feminina, o convento passou a ser uma oportunidade de mudar de vida.

Para melhor acomodar as irmãs e dar seguimento no projeto educacional que estava em expansão, Madre Maria Teresa, precisou procurar outro lugar para a sede da Casa Central da Congregação. Segundo Dix "em 1841, Madre Maria Teresa com suas seguidoras, foram comunicadas que o Rei Ludovico I fez a doação do antigo Convento das Irmãs Clarissas de München para as Irmãs Escolares". Após os reparos necessários e convenientes, em "30 de setembro de 1843, 50 irmãs professas, estavam reunidas com as noviças e se transferiram de Neunburg para München" (1993, p. 77).

As religiosas professoras receberam várias críticas no início do próprio Governo Real por aplicarem uma superformação para as crianças do interior. Para Arns, Madre Teresa percebia que as crianças tinham muito no que melhorar e respondeu:

> Como podem crianças ser superformadas, sendo incrivelmente desleixadas quanto à formação de casa e a educação intelectual? [...]. As crianças com pouco sentido para o belo e nobre. No verão, elas vêm raras vezes e cada ano precisa recomeçar com as matérias tudo outra vez" (2012, p. 84).

Mesmo com as críticas, o projeto educacional católico das Irmãs Escolares não desperdiçava as oportunidades e a educação era voltada aos pobres. Segundo Arns, "em 1842, as irmãs assumiram a escola elementar dos pobres na periferia de Munchen e ainda no mesmo ano, o Instituto dos Surdos e Mudos na cidade de Amberg" (2012, p. 85).

Segundo Huffner:

> A era industrial havia começado. Numa única geração, a vida diária sofreu as maiores mudanças do que durante os séculos precedentes. Carolina Gerhardinger assistiu as invenções importantes, tais como a instalação do primeiro trem de ferro, a aparição dos barcos a vapor, o desenvolvimento do telefone. Todas as conquistas ela pode usar para a expansão de sua obra, A nova era trouxe também muita miséria e opressão. A "Revolução Industrial "do século XIX, provocou o crescimento das cidades, originou a emigração dos campos; poucas fábricas grandes absorveram as forças ativas de toda a região e condenaram as empresas pequenas à falência. No final surgiu a sociedade classista, com um pequeno número de milionários de um lado, e uma esmagadora massa de proletários sem direito, de outro; grandes invenções diminuíram a fome e a mortalidade infantil, porém para a maioria, a justiça estava fora do alcance (1979, p. 18).

Com o apogeu da Revolução Industrial, Madre Teresa Gerhardinger conviveu com transformações aceleradas nos meios de produção e nas relações sociais. Como enfatizou Huffner, Madre Teresa conheceu e soube tirar proveito de importantes descobertas fruto de sua época, como a invenção do trem de ferro, o surgimento dos barcos a vapor, bem como o surgimento do telefone. Estas importantes descobertas, Madre Teresa usou como mediação para a ampliação e benefício da Congregação. Não obstante as importantes descobertas que facilitaram a vida das pessoas, a que se considerar, as contradições que a Revolução Industrial trouxe em sua "bagagem". Foram inúmeros os mecanismos que geraram muita miséria humana e opressão aos mais pobres e desfavorecidos.

Uma das consequências da Revolução Industrial foi o aumento da pobreza e da exploração. Essa condição levou ao aumento do número de candidatas na congregação das Irmãs Escolares. Em poucos anos, o Convento de München já tinha um grande número de candidatas para a vida religiosa e o carisma educacional assumido pela Congregação. Diante disso, Madre Maria Teresa, com o apoio do educador e pedagogo Padre Sieger transformou a Nova Casa Mãe num centro de educação, modelo de formação para as Irmãs educadoras, para atuar no Magistério. Segundo Arns, "a Congregação das Irmãs Escolares, foi o primeiro instituto na Alemanha a oferecer formação no magistério para as mulheres" (2012, p. 88). Segundo a autora "somente depois de 30 anos em 1872, o Estado Alemão começou a fundar Escolas de magistério para mulheres" (2012, p. 88).

Este projeto educacional foi se expandindo. As famílias das comunidades e as autoridades percebiam mudanças positivas que aos poucos avançavam. Arns destacou que "em Munique havia muitas crianças que não tinham para onde ir e ficavam vagando pelas ruas da cidade" (2012, p. 89). Segundo ela, os pedidos dos "Kinderhorte"[13] só aumentavam, logo, "Madre Teresa entendeu que era necessário um curso que preparasse professoras para esta modalidade escolar" (2012, p. 88 - 89). Deste modo, as religiosas foram assumindo e estruturando casas para inúmeras crianças em situação de risco.

Madre Maria Teresa Gerhardinger estava inserida em um contexto de muita miséria e pobreza, no sentido mais amplo da palavra, como consequência direta da "Revolução Industrial" do século XIX. Justamente neste contexto, o

---

[13] Kinderhorte: Eram as casas para acolher crianças que viviam abandonadas sem famílias. Lá recebiam todos os cuidados básicos bem como alimentação e educação.

Manifesto Comunista de Karl Marx (1818-1883) e Friedrich Engels (1820-1895) foi articulado como uma resposta às forças capitalistas que massacravam, exploravam os trabalhadores com salários miseráveis, empobrecendo a população humilde da Alemanha. Este importantíssimo tratado político se apresentou como uma "Nova Revolução", não mais a nível industrial, mas sim uma "Nova Revolução Social", onde as classes trabalhadoras seriam vistas com mais humanidade e mais igualdade social para todos.

O que fizeram Marx e Engels, no nosso entendimento, poderia ter sido feito pela Igreja Católica, com o seu enorme "exército de cabeças pensantes". Ora, a Igreja sempre se destacou no decorrer dos séculos com importantes filósofos, teólogos. Neste sentido, a Igreja, sem tolher o aspecto religioso amadurecido, poderia ultrapassar as barreiras das meras práticas devocionais e ter feito muito mais. Uma pergunta que podemos nos fazer: por que a Igreja se comportava de forma indiferente diante da realidade gritante em que a maioria da população era empobrecida? A Igreja, para dar uma resposta eficaz, necessariamente precisaria ser coerente com a sua teoria e se desfazer de suas enormes riquezas, principalmente no que referia às grandes áreas de terras e distribuir para os miseráveis. Sabemos que isso não aconteceu, o que houve foram algumas ações pontuais que ajudaram alguns miseráveis e mudarem de vida.

Foi neste contexto de descobertas e acontecimentos em que viveu Madre Maria Teresa, que se destacou a figura de Louise Otto-Petter[14]. Louise foi dirigente da primeira revista feminina com temas sociológicos e pedagógicos. Louise convocou as mulheres de sua época a serem independentes. Para Louise, as mulheres deveriam desenvolver sua personalidade e ao mesmo tempo, lutar pelos seus direitos civis.

Na revista em que ela foi diretora, conseguiu demonstrar a miséria em que viviam as operárias, a falta de educação das meninas e a dependência indigna das mulheres casadas. Diante desses acontecimentos e da acalorada luta pelos direitos femininos, promovidos por esta publicitária socialista, tanto ela, quanto Madre Maria Teresa perceberam a necessidade de desenvolver projetos de educação integral para as mulheres que viviam na região da Baviera.

Estes projetos deveriam corresponder às necessidades, primeiramente femininas, não apenas no âmbito espiritual, mas também humanista e profissional. Uma vez que naquele contexto europeu, as mulheres não tinham

---

[14] Louise Otto Petter nasceu em Meißen em 1819 na Alemanha. Faleceu em Leipzig em 1895 também na Alemanha. Louise mostrou a miséria das operárias na sua época, a falta de educação das meninas e a dependência indigna das mulheres casadas na sociedade machista do século XIX. Huffner, (1989, s/p).

oportunidades de obterem uma educação e uma formação de qualidade, a não ser àquelas que tinham condições financeiras, que era uma minoria da classe burguesa.

O projeto de Madre Maria Teresa foi relevante naquele momento histórico e contribuiu na promoção de muitas mulheres esquecidas pelos programas educacionais de sua época. A Igreja do século XIX era machista na sua essência. As meninas eram excluídas dos programas educacionais e tinham poucos espaços também nas estruturas religiosas.

A aceitação da Congregação das Religiosas Escolares foi tão grande que, em 1847, a ordem foi solicitada para atender imigrantes alemães, que havia migrados para os Estados Unidos. Conforme Nelson:

> Diversos Bispos e missionários da América vieram aqui e pediram com urgência pobres Irmãs Escolares para a educação cristã, especialmente das meninas, que para a tristeza deles estão completamente desprovidas deste benefício. Eles consideram a missão das Irmãs Escolares tão necessárias como a de sacerdotes se é que o cristianismo católico requer raízes mais profundas nas famílias, e que se florir aí, torna-se produtivo permanentemente (1979, p. 72).

Na medida em que os imigrantes alemães se deslocavam em direção às Américas, eles eram acompanhados por sacerdotes missionários alemães. Desta forma, eles tinham assistência espiritual, na qual acreditavam e estavam inseridos. Os missionários alemães, entendendo que não era suficiente apenas a administração dos sacramentos, buscaram na Alemanha reforços nos trabalhos apostólicos e projetos educacionais para meninas.

Em 1848, o Rei Ludovico I renunciou ao Trono Real, assumindo seu filho Maximiliano II. O trabalho das Irmãs prosseguiu e o novo Rei também via com bons olhos o projeto educacional das religiosas. Em 1852 publicou uma bula incentivando a expansão do Instituto das Irmãs Escolares.

Segundo Oesthel, iniciava-se aí um novo momento importante para a Congregação das Irmãs. A Madre Teresa estava finalizando a redação das Regras da Ordem para enviá-la a Roma. Depois de avaliados, "em 1859 a Congregação obteve o reconhecimento da regra por seis anos. A aceitação definitiva da regra, das Irmãs Escolares, por Roma se deu no dia 26 de agosto de 1865" (2012, p. 25).

Na Europa, a Congregação tinha ultrapassado as barreiras da província da Baviera. Segundo Oesthel foram criadas casas "na Westfália, Silésia, Hungria, Boemia e nos bispados de Rottenburg e Freiburg e em 1864, as irmãs iniciaram um trabalho na Inglaterra" (2012, p. 22 - 23).

Os anos foram passando e as forças físicas de Madre Teresa, naturalmente foram se esgotando, adoeceu e se tornou cada vez mais fraca e vulnerável às enfermidades. Seguindo o ciclo natural da vida, "em 09 de maio de 1879, o Núncio Apostólico Aloisi-Mazeila lhe deu a bênção papal e não se afastou até que ela tivesse vencido a última barreira do cristão, que é a morte" (Cruz, 1992, p. 103-104).

Depois da morte de Madre Maria Teresa[15], a história demonstrou que a Congregação continuou seu processo de expansão para outros países da Europa, Estados Unidos e outros continentes.

A partir do início da década de 1930, na Alemanha e mais diretamente na região da Baviera, a situação da Igreja Católica se tornou insustentável, com já enfatizado no tópico anterior. Iniciou-se um anticlericalismo radical com inúmeras formas de perseguições e controle sobre tudo aquilo que fazia referência à Igreja Católica. Era o regime totalitário se instalando e criando situações de instabilidade na Baviera. As Congregações Religiosas, tanto masculinas, quanto femininas foram atingidas de forma "letal". Não foi diferente com as Religiosas da Congregação das Irmãs Escolares. Conforme Wernet:

> Em 1935, iniciou-se nos moldes desta filosofia, a reforma educacional que, entre outras medidas, tirou das instituições religiosas o direito da formação de Professores, criando as Academias Pedagógicas, ideologicamente alinhadas ao Regime. Semelhantemente a outras Congregações Religiosas, também as Irmãs Escolares de Nossa Senhora, perderam os seus Institutos de Formação de Professores (*Lehrerausbildungsanstalten*" (2002, p. 47).

A nova política de Hitler proibiu todas as ordens e institutos religiosos de ensinar. As Irmãs Escolares por trabalharem com a educação, também foram excluídas do processo de formação de professores e foram confiscados seus Institutos. Segundo Wernet:

---

[15] A Igreja Católica a partir de um grupo de peritos que dispunha, depois de ter analisado a história de vida de Madre Maria Teresa, concedeu a ela a honra dos altares. Em 1985 foi beatificada na Basílica São Pedro no Vaticano, pelo Papa João Paulo II.

> No ano de 1936, dentro desta filosofia de descristianização da Alemanha, iniciou-se o processo de reciclagem dos professores existentes e a reconstrução da formação dos professores primários e secundários. Foi diminuído também o número de aulas de Religião, modificou-se o conteúdo dos catecismos, proibiu-se a oração no início das aulas e foram retirados os crucifixos das salas. Os que se opuseram a tais medidas e não acompanharam a reciclagem, como por exemplo, as Irmãs Escolares foram consideradas inimigas do Fuhrer e do Povo Alemão, sem contar com os prejuízos materiais. Muitas Irmãs professoras que eram funcionárias públicas, por permanecerem fiéis a religião, aos ideais cristãos e católicos e da vida consagrada, perderam suas moradas gratuitas nos prédios escolares ou, pior ainda, o seu emprego. Cerca de mil Irmãs ficaram desempregadas e a Congregação sofreu grandes prejuízos materiais (2002, p. 48).

A intenção de Hitler ao reformar o ensino primário e secundário fazia parte do processo de descristianizar a Alemanha. Hitler entendia que o cristianismo era um mal desnecessário ao povo alemão, e assim, desmontou a articulação dos católicos e protestantes. Para ele, quanto mais à educação estivesse distante do cristianismo, tanto melhor para manipular o povo e se impor como líder do estado alemão. Como estratégia, iniciou um processo de formação de professores com um modelo diferente do que vinha sendo aplicado e praticado a um bom tempo. Sabemos da importância dessa mudança, no entanto, o processo foi desrespeitoso. Este novo programa de formação estava articulado em 4 pontos fundamentais. Primeiro, diminuíram o número de aulas de religião no currículo escolar. Segundo, os conteúdos catequéticos sofreram alterações. Terceiro, foram proibidas as orações no início das aulas. Quarto: proibiram os crucifixos nas salas de aula.

Os religiosos que não aceitaram as chamadas reformas não eram bem-vistos pelo novo sistema de educação articulado pelo novo governo da Alemanha. Estas mudanças trouxeram três consequências sérias para as Irmãs Escolares, uma vez que várias delas eram funcionárias públicas e não aceitaram as reformas impostas: tiveram que desocupar os conventos em que moravam; foram dispensadas do emprego que tinham. Com isso em torno de mil religiosas das Irmãs Escolares ficaram desempregadas e o governo alemão confiscou os bens materiais como casas e escolas da Congregação. Não restou as Irmãs Escolares outra alternativa, a não ser buscar novas lugares para garantir a sobrevivência da Ordem.

Conforme Wernet:

> Nestas circunstâncias, portanto, a Superiora Geral, através da Vigária, Irmã Adolfine Meissner, que veio ao Brasil com o primeiro grupo de IENS, em 1935, fixando-se em Forquilinha - SC (atual Província de Porto Alegre), ficou sabendo que um certo Sr. Francisco Malzoni, de Matão interior do Estado de São Paulo, estava à procura de religiosas alemãs. Ele queria cinco Irmãs para o hospital de Matão e três Irmãs para uma escola. Mais tarde, mostrou interesse em obter mais duas: uma para a Escola e outra para o Jardim de Infância. Madre Maria Almeida Schriker não hesitou e logo indicou 8 Irmãs para esta missão, no interior paulista (2002, p. 50).

Irmã Adolfine da província da Silésia, que chegou ao Brasil em 1935 em Santa Catarina, foi informada sobre a necessidade de mais irmãs para atuarem no interior do Estado de São Paulo. Nesse sentido fez a mediação com as religiosas da província da Baviera.

Frente a situação de instabilidade e pressão de Hitler sobre o clero e todas as comunidades religiosas, surgiu aà alternativa de virem ao Brasil. Não há dúvidas de que o convite para virem para São Paulo chegou numa boa hora, pois beneficiaria a Congregação economicamente e elas poderiam continuar professando a fé em Cristo, sem perseguições.

As portas se abriram para a América do Sul e devido às grandes necessidades das cidades brasileiras, como no Estado de São Paulo, as religiosas vieram para a cidade de Matão. Sr. Malzoni proprietário ou administrador do hospital de Matão demonstrou grande interesse com a presença de Irmãs Religiosas para atuar em hospitais e escolas. Com esta possibilidade, Madre Maria Almeida Schricker, enviou as oito irmãs para esta missão no Estado de São Paulo.

Conforme a crônica registrada por Wernet:

> No dia 5 de janeiro de 1937, reuniram-se todas na filial de MUNCHEN, onde foram acolhidas pela comunidade com cordialidade até o dia de sua partida no dia 4 de abril no domingo. Um teólogo da Congregação dos Redentoristas, brasileiro nato deu com muito zelo, amor e alegria as primeiras aulas de Português, língua oficial do Brasil. [...] A 4 de abril partimos de MUNCHEN, pela manhã. O diretor espiritual Rudolf Gerg despediu-se de nós no trem. À noite, às 8 horas, chegamos em Hamburgo, onde Ir. Sanktina esperou por nós no pensionato de S. Rafael (Wernet, 2002, p).[1616]

---

[16] As crônicas são anotações feitas em um livro por uma integrante da comunidade religiosa. As crônicas eram redigidas a mão tornando um manuscrito com anotações relevantes na vida da comunidade religiosa. Esta

Definida a viagem para o Brasil, as irmãs iniciaram os preparativos. O primeiro passo foi se instalarem na comunidade de Munchen para aprender língua portuguesa. Foram três meses recebendo aulas e aprenderam o básico da língua portuguesa para iniciarem a missão. Assim que terminaram o estudo, iniciou-se a viagem, sob a bênção do Padre Rudolf Gerg no terminal ferroviário de Munchen.

Conforme descrito na Crônica:

> À noite, às 8 horas, chegamos em Hamburgo, onde Ir. Sanktina esperou por nós no pensionato de S. Rafael. No dia seguinte visitamos o Instituto Tropical. No dia 6 de abril embarcamos no navio Caparcona. A viagem durou 14 dias, tudo correu bem e no dia 20 de abril chegamos em Santos, onde Irmã Adolfina e o Sr. Malzoni esperaram por nós. Passamos uns dias bonitos junto às Cônegas de Santo Agostinho, especialmente com madre Domitilla, em Santo Stella Maris, depois no Colégio das Cônegas em São Paulo (Wernet, 2002, Anexo 3, s/p).

As primeiras oito missionárias Escolares que chegaram no Estado de São Paulo em 1937, foram: Irmã Maria Recaldis, Irmã Maria Gunthildes, Irmã Maria Boaventura Gress, Irmã Maria Irmingard, Irmã Maria Hygina, Irmã Maria Dicentia, Irmã Maria Deícola e Irmã Maria Tuskana. Dessas 8 missionárias Escolares, Irmã Recaldis e Irmã Boaventura Gress, fizeram parte da comunidade das Irmãs Escolares e foram protagonistas do projeto educacional em Francisco Beltrão e região.

Segundo Wernet:

> [...] temos poucas notícias sobre a viagem. Irmã Maria Tuskana escreveu que o Caparcona era um navio de luxo e as Irmãs Escolares, acostumada com um estilo de vida simples, não se sentiram a vontade em meio à fina sociedade da primeira classe (2002, p. 53).

A fotografia seguinte apresenta o Navio Caparcona que trouxe o grupo das primeiras missionárias da Província da Baviera, para Matão/SP, em 1937.

---

crônica foi encontrada nos anexos do livro IENS rompendo fronteiras de autoria de Augustin Wernet, (2002).

Imagem 3. O navio Caparcona que trouxe as Irmãs para o Porto de Santos - SP em 1937.

Fonte: Arquivo do Colégio Nossa Senhora da Glória. Álbum Histórico.

Diante das perseguições que a Congregação enfrentou na Alemanha, as religiosas perderam todos os bens que tinham em comum, como escolas e conventos. O Brasil foi uma das alternativas para as religiosas recomeçarem, tanto no aumento do número de religiosas, quanto também na disseminação das propostas educacionais desenvolvidas pela Congregação.

Para trás, as Irmãs deixaram valores importantes como seus familiares, a própria cultura e a pátria devastada pela guerra promovida por Hitler e seus aliados. Conforme indicou Wernet, "dificultadas ou impedidas no exercício de suas tradicionais atividades educacionais, de certo modo passaram por uma perseguição religiosa e, por causa disso, procuravam novos campos de trabalho" (2002, p. 47). Ficou claro, que o que motivou a vinda das Irmãs para São Paulo foi à situação de pressão resultante de uma política de "estrangulamento" ou "asfixia" psicológica promovida pelo governo alemão, contra as ordens religiosas para não permanecerem na Baviera.

Devido a estes motivos as religiosas vieram a São Paulo para se colocarem, em primeiro lugar, a serviço da Igreja promovendo a fé, mas com o foco em projetos educacionais direcionados, inicialmente aos imigrantes alemães e, posteriormente a todos os que procuravam a instituição. O Brasil se tornou para os imigrantes, o país da esperança quando já não mais encontravam condições de viver uma vida tranquila na Alemanha.

Como podemos perceber pela leitura, a história da Congregação das Irmãs Escolares foi/é composta de datas e fatos importantes, que se sucederam durante toda a trajetória desta ordem voltada à educação. Por isso, construímos um quadro cronológico com as principais datas que se inicia com o nascimento Carolina Gerhardinger, culminando com a data da beatificação de Madre Maria Teresa Gerhardinger pela Igreja Católica.

Quadro 1 Cronologia dos principais acontecimentos da Congregação das Irmãs Escolares de Nossa Senhora de 1797 a 1985.

Ano	Acontecimento
1797	(20.06) - Nascimento de Carolina Gerhardinger em Regensburg – Stadtamhof
1809	Supressão da escola conventual das Cônegas de Notre-Dame em Stadtamhof
1812-1833	Carolina Gerhardinger atuou como professora em Stadtamhof
1833	(24.10) Fundação da Congregação em Neunburg vorm Wald
1834	Aprovação do instituto pelo Rei Luís I, da Baviera
1843	(16.10) Inauguração da casa mãe em Muchen (antigo claustro das Irmãs Clarissas)
1847	Partida para a América do Norte
1849-1864	Novas fundações na Boêmia, Westifália, Silésia, Áustria, Baden, Hungria e Inglaterra
1865	Aprovação definitiva da regra pelo Papa Pio IX
1870-1886	Secularização de conventos na Prússia e Baden, devido ao "Kulturkamp"
1879	Morte de Madre Teresa Gerhardinger
1890-1930	Florescimento da Congregação, ampliação sua atuação no ensino
1931-1938	Fundações na Suécia, Brasil e Argentina
1933-1945	Repressão da Congregação pelo regime totalitário imposto por Hitler[17]

---

[17] "Com a subida de Adolf Hitler ao poder, em janeiro de 1933, começou para a Alemanha, um processo sistemático de desmantelamento do regime liberal e democrático da República de Weimar e, paralelamente, o

Ano	Acontecimento
1945	Fortes restrições à atuação na Europa Oriental
1948 – 1983	Outras fundações na Ásia, África e América Latina
1957	Transferência do Generalato de Munchen para Roma
1985	(17.11) Beatificação de Madre Maria Teresa de Jesus Gerhardinger, pelo Papa João Paulo II, em Roma

Fonte: Huffnner, 1989, s/p.

Como vimos, a congregação das Irmãs Escolares se expandiu por diversos países. Por isso, construímos um quadro apresentando o país com a respectiva fundação e a província que se responsabilizou pela fundação e o ano.

Quadro 2 A expansão do projeto missionário das Irmãs Escolares entre 1847 a 1970.

País	Província Casa Mãe	Ano da Fundação
Baltimore (Estados Unidos)	Baviera	1847
Porto Rico	Baltimore	1915
Suécia	Baviera	1930
Brasil (Santa Catarina)	Silésia	1935
Brasil (São Paulo)	Baviera	1937
Argentina	Baviera	1937
Japão (Guam), Yap	Baltimore	1948
Honduras, América Central, Bolívia e Peru	Baltimore	1948
Libéria, Nigéria, Serra Leoa, Ghana e Kenia	Baltimore	1970
Nepal	Baltimore	1970

Fonte: Huffner, 1989, s/p.

Como ficou visível, na tabela acima podemos, a expansão da Congregação das Irmãs Escolares para outros países foi feita pela comunidade americana da cidade de Baltimore nos Estados Unidos. Talvez, por ser a maior comunidade da Congregação em número de religiosas, fora da Alemanha ou ainda, quem sabe, pelo próprio espírito de dominação da cultura americana, apoiada com a força dos USA a partir do século XX.

---

estabelecimento de um regime totalitário e ditatorial: o Terceiro Reich" (Wernet, 2002, p. 47).

No quadro a seguir apresentamos o número de Irmãs Escolares presentes nos respectivos continentes empenhadas em projetos educacionais e missionários desenvolvido pela Congregação.

Quadro 3 O número de Irmãs da Congregação das Irmãs Escolares de Nossa Senhora em 1989 em projetos educacionais e missionários no mundo.

África	40
América Central	80
América do Norte	4.300
América do Sul	280
Ásia	130
Europa Oriental	800
Europa Ocidental	1800

Fonte: Huffner, (1989, s/p).

Para uma melhor visualização da expansão da Congregação das irmãs Escolares no mundo, apresentamos o mapa, esboçado a mão pela Irmã Artúris.

Imagem 4. Países com a presença das Irmãs Escolares de Nossa Senhora em 1992.

Fonte: Irmã Artúris, Iens, (1992 capa do livro).

No mapa pode-se constatar a presença das irmãs Escolares de Nossa Senhora em todos os continentes, atuando em projetos e orientações educacionais.

Neste tópico destacamos a trajetória da Congregação desde o nascimento da fundadora, a articulação feita por ela e suas companheiras, tendo em vista a contrução do projeto educacional para atender as crianças mais pobres na Alemanha. Apresentamos também o processo de expansão dentro do continente Europeu e para o resto do mundo até a chegada em Matão/SP, em 1937.

No próximo tópico, retomamos a relação entre Estado, Igreja e a Educação no Brasil, no século XIX e XX, para apresentar o cenário do trabalho das religiosas no Brasil.

1.3 Estado, Igreja e Educação no Brasil do Século XIX e XX

Que proposta de Igreja as Irmãs Escolares encontraram no Brasil e mais especificamente, no Estado de São Paulo quando chegaram? O que realmente esta Congregação dentre tantas, veio fazer aqui?

Para compreendermos bem a chegada das Irmãs Escolares no Brasil, precisamos entender o contexto da religiosidade brasileira no final do século XIX e nas primeiras décadas do século XX.

Segundo Azzi, sob a hegemonia da Coroa Portuguesa, havia uma submissão da Igreja ao Estado tornando-se dependente deste, tanto para a sua manutenção, quanto para a sua expansão. Qual era o projeto de Igreja em vigor no Brasil naquele período? Azzi afirmou que: "durante os três primeiros séculos da colonização, vigorou no Brasil o modelo de Igreja Cristandade. Tratava-se de uma reviviscência dessa concepção de igreja que perdurou durante a Idade Média na Europa Ocidental" (1987, p. 29).

Em que este projeto se apoiava? A Igreja não era um poder paralelo ao Estado e sim, ligada como prestadora de serviço religioso. O entrosamento era tão consistente que os clérigos não encontravam dificuldades em seguir as determinações do Império Lusitano. A ideia central consistia em estabelecer a cristandade nas colônias a fim de desenvolver o comércio. A atividade comercial era o objetivo principal que estava atrelado aos aspectos políticos, sociais e religiosos como mediação para o pleno desenvolvimento deste, possibilitando grandes lucros.

Com a proclamação da independência do Brasil (1822) as relações entre Estado e Igreja não foram alteradas. As elites brasileiras que antes, estudavam normalmente nas faculdades europeias passaram a estudar no Brasil nas faculdades de Direito em São Paulo e Recife e medicina no Rio de Janeiro e Salvador.

A partir de 1850 surgiu outro centro de formação no país, a Escola Politécnica no Rio de Janeiro, que passou a ser influenciada pelas ideias positivistas de Augusto Comte, sinalizando para um novo momento no país, com o avanço dos estudos científicos.

O episcopado[18] brasileiro, aos poucos foi constatando que a Igreja estava perdendo a sua relevância social e o poder junto ao Estado, demonstrando sinais de que uma reforma católica seria necessária. Azzi, afirmou que: "diversos visitantes europeus que estiveram no país ao longo do século XIX manifestaram seu estupor e estranheza diante das formas antiquadas de expressão religiosa que o catolicismo brasileiro continuava apresentando" (1992, p. 29). Era um catolicismo atrasado que não mais despertava a atenção das pessoas. Parece que não atingia a população espiritualmente, no sentido de dar uma resposta às necessidades da vida cotidiana das pessoas.

Diante deste contexto da necessidade de reformar o catolicismo brasileiro, despertou em alguns prelados a ideia de iniciar uma reforma a partir dos parâmetros do Concílio de Trento, pelo qual a Igreja possuía sua autonomia em relação ao Estado civil, reforçando assim, o poder da hierarquia na Igreja.

A palavra reforma indica outra forma de Igreja. Este novo formato, em primeiro lugar não mais funcionaria dentro do modelo serviçal, como acontecia no Império. Naquele momento histórico, a Igreja era submissa, estava a serviço do imperador como que um departamento, uma vez que dependia, inclusive financeiramente, para a manutenção de seus membros, bem como para a sua expansão.

Esta reforma foi articulada pelos bispos por uma questão de necessidade e atingiu primeiramente, o clero liberal e o catolicismo devocional brasileiro, de origem portuguesa. No modelo imperial português se acentuou o aspecto devocional, cuja tônica era a formação intelectual do clero e a parte sacramental. Tal reforma começou a ser gestada pelos bispos, uma vez que foram eles que articularam a reforma e esta, de forma autoritária, sem nenhuma possibilidade da opinião das massas. Os bispos reformadores

---

[18] Episcopado: Conjunto de bispos e Arcebispos (Dicionário Michaelis, p. 883).

tomaram como referência dois nomes importantes do período tridentino, São Carlos Borromeu, o grande reformador da diocese de Milão na Itália, e Frei Bartolomeu dos Mártires, o reformador da diocese de Braga em Portugal. Os bispos que coordenaram a reforma no Brasil foram Dom Antônio Ferreira Viçosa, bispo de Mariana-MG em 1844 e Dom Antônio Joaquim de Mello, bispo de São Paulo em 1851.

A ideia do episcopado era clara, a Igreja deveria realizar uma reforma no âmbito exterior e interior. Do ponto de vista externo, seria referente ao Estado adquirindo mais autonomia nas suas funções religiosas e, para isso precisava fortalecer-se, enquanto instituição, visto que o governo a considerava apenas como um departamento. Aliás, era o governo quem nomeava padres e bispos além de zelar pela fé.

Do ponto de vista interno, os bispos entendiam que o clero deveria levar uma vida de acordo com o evangelho, sendo exemplo para os fiéis. Os padres deveriam assumir o papel de líderes frente às associações. Quanto aos fiéis, de modo geral, receberiam mais atenção a partir das missões, visitas pastorais, devoções e formação catequética tirando o povo da ignorância religiosa e das ideias supersticiosas.

Com essas medidas, a Igreja começava a aparecer ao lado do Estado, mais como uma Instituição Hierárquica autônoma vinculada à Santa Sé, do que completamente dependente do Estado. A Cúria Romana influenciou diretamente as reformas da Igreja no Brasil. Os institutos que aqui se encontravam viviam uma profunda crise de identidade devido à sintonia que ainda havia com a Coroa, distanciando-se do carisma de seus fundadores.

A partir da separação entre Estado e Igreja, com a proclamação da República (1889), foi que se evidenciaram as reformas do catolicismo no Brasil. A separação entre Estado e Igreja, não rompeu com ideias católicos da população. A separação deu mais autonomia para a Igreja e isso favoreceu a entrada de novas ordem religiosas, entimulando os movimentos católicos que passaram a intervir em setores, que naquele momento estavam em situação precária, no Brasil, como a assistência social, a saúde e a educação.

De acordo com Azzi:

> Ao lado dessas antigas ordens, começam a se instalar no país novas congregações religiosas masculinas e femininas, com a finalidade específica de atender a educação, à saúde e a assistência social. É principalmente na área urbana que tais religiosos passam a atuar, encontrando o apoio da bur-

> guesia rural e urbana emergente para a instalação de escolas, hospitais, asilos outras obras assistenciais. Frequentados pelos filhos das famílias abastadas fonte de renda dessas congregações. Esses recursos utilizados para a sustentação dos religiosos, para a formação de novos membros e para dinamizar a expansão da obra no país (1992, p. 38).

Conforme Azzi, a reforma começou a ganhar um ritmo novo a partir da chegada de novas congregações da Europa, para desenvolverem trabalhos na área da educação, saúde e assistência social.

A reforma desejada pelo episcopado brasileiro não aconteceria a partir das congregações que aqui estavam, justamente por estarem acostumadas, viciadas dentro de um esquema de Igreja nos moldes do padroado. Foram necessárias "cabeças" diferentes para iniciar algo novo. Essa foi à estratégia da Cúria Romana, enviar para o Brasil institutos que movidos por um ideal missionário, pudessem auxiliar no desenvolvimento da formação das elites e atender aos excluídos. Essas novas ordens se instalavam nos centros urbanos, onde os filhos dos ricos frequentavam suas escolas. Os recursos advindos dos serviços educacionais e assistências serviram para o sustento das congregações e garantiram a expansão, com a preparação de novos membros.

A religião tornou-se fundamental para a manutenção do Estado e da Igreja. Os pronunciamentos dos bispos e missionários eram direcionados, no sentido do quanto era importante o temor de Deus, aliado a obediência às autoridades governamentais constituídas.

A Cúria Romana exportou para o Brasil um projeto de Igreja, que foi implantado de forma autoritária. Quem esteve na linha de frente da implantação do modelo romanizado no Brasil foi Dom Sebastião Leme (1870-1942) que "ao tomar posse da Arquidiocese de Olinda em 1916 publicou uma carta pastoral sobre o ensino religioso que passou a ser considerada a partir dos anos 1920 como um verdadeiro programa de ação pastoral para todo o país" (Azzi, 2008, p. 11).

Segundo Azzi:

> Uma das chaves para a compreensão da história da Igreja no Brasil, durante o período das quatro décadas que se inicia em 1922, é o conceito de sacralização da sociedade. De fato, a ideia de ressacralizar a sociedade brasileira está subjacente ao projeto pastoral da hierarquia, conhecido sob o nome de restauração católica (2008, p. 11).

A proposta do episcopado brasileiro em sacralizar a sociedade não era outra coisa a não ser "transformar o Estado republicano num Estado religioso" (Azzi, 2008, p. 13). O episcopado e o clero olhavam para a laicização do estado como uma oposição aos ideais da Igreja Católica. Dom Leme demonstrou esta insatisfação quando questionou sobre o ensino leigo. Conforme Azzi:

> Que se entende por ensino leigo? – Quer dizer: ensino neutro. Ensino neutro quer dizer não confessional, ensino que não professa religião alguma. Ora, se é sem religião alguma é anti-religioso [...]. Em gênero de instrução e educação, laicismo, neutralidade, irreligião e ateísmo são termos que na prática se equivalem (2008, p. 13).

Para Dom Leme, escola leiga era sinônima de escola ateísta que deixaria as pessoas sem direção. Na sua concepção isto era um perigo para a sociedade brasileira.

Como resposta às ideias Iluministas e Liberais, o episcopado brasileiro, sob a orientação da Cúria Romana, instalou no Brasil um processo de sacralização da sociedade como um todo, desencadeando uma tentativa de (re) cristianização do povo brasileiro. O objetivo era tornar o Estado brasileiro Católico, a partir de uma Romanização dos hábitos e costumes, nos moldes do catolicismo europeu, desprezando a cultura local brasileira de forma autoritária.

Como já enfatizado, no final do século XIX e início do século XX, várias ordens religiosas entraram no Brasil e se consolidaram no setor educacional. Todavia, o contexto entre a Primeira Guerra Mundial (1914-1918) e da Segunda Guerra Mundial (1939-1945) dificultou a atuação das novas ordens religiosas naquele período, principalmente as vindas da Alemanha e Itália. No caso das Irmãs Escolares, isso ficou evidente. Segundo Wernet:

> Os serviços em hospitais não pertenciam, inicialmente, aos fins específicos da Congregação. Mas percebeu-se bem cedo que pelas atividades hospitalares e enfermagem, as IENS, com maior facilidade, conseguiram ser aceitas em países estrangeiros do que pelas atividades educacionais, mais controladas pelos respectivos Governos. Foi essa também a situação em São Paulo. Tendo plena consciência disso. A Superiora Geral não hesitou quando surgiram possibilidades de serviços em hospitais (2002, p. 58).

A opção por aceitar trabalhar em hospitais foi um ato estratégico bem articulado pelas Irmãs Escolares e outras ordens, diante das enormes restrições governamentais. Entenderam que deviam aceitar os serviços que lhes aparecessem por primeiro, até que as coisas se organizassem melhor, abrindo portas para a atuação educacional no futuro.

Feitos estes esclarecimentos sobre a relação Estado Igreja no Brasil, passamos a tratar sobre a chegada das Irmãs Escolares em Matão/SP até a aertura de uma casa em Francisco Beltrão.

1.4 A trajetória das Irmãs Escolares de São Paulo à Francisco Beltrão

Depois de 15 dias de viagem, as oito irmãs chegaram o porto de Santos/SP e foram recebidas pela Irmã Adolfina Meissner da comunidade de Forquilinha, que tinha sido nomeada Vigária[19] das religiosas e o Sr. Francisco Malzoni, que havia feito o convite as religiosas.

Ao chegar em São Paulo, as religiosas se hospedaram na residência Stela Maris, das Irmãs Agostinianas. Conforme Wernet (2002), três Irmãs permaneceram durante algumas semanas no Instituto das Cônegas de Santo Agostinho, em São Paulo para aperfeiçoarem seus conhecimentos da língua portuguesa. Foram elas: Irmã Maria Guthilde Haber1[20], Maria Boaventura Gress[21] e Maria Imingardis Moder[22].

Sobre isso, Wernet, citando as Crônicas registrou o seguinte:

> No dia 27 de abril, nós cinco destinadas para o hospital, viajamos com Irmã Adolfine para Matão, onde chegamos a altas horas da tarde, de carro. Dona Inês cunhada do Sr. Malzoni, hospedou-nos por quase um mês com muito amor. No sábado 1 de maio, Ir. Adolfine voltou para a sua comunidade[23] e deixou-nos no meio de brasileiros. No dia 3 de maio veio Ir. Gunthilde, de São Paulo, para nos ajudar nas dificuldades na língua brasileira (WERNET, 2002, Anexo 3, s/p).

---

[19] Vigária (Feminino de Vigário): Freira que fazia às vezes da superiora (Dicionário Aurélio, p. 2072

[20] Irmã Maria Gunthilde (Theresia Harberl) filha de Alois Harberl (agricultor) e Margarete Harberl. Nasceu em 06/04/1894 em Hitzelsberg – Alemanha. Fez o noviciado entre 19/08/1918 a 23/08/1919 era professora.

[21] Irmã Maria Boaventura (Maria Gress – nome civil). Filha de Joseph Gress (moleiro) e Monika Gress. Nasceu em Altenstadt – Alemanha. Fez o noviciado entre 16/08/1922 a 16/08/1923 era professora. Pelo reconhecimento dos trabalhos realizados em Francisco Beltrão, Irmã Boaventura recebeu o título de Vulto Emérito de Francisco Beltrão em 1968, solicitado pelo prefeito Antônio Cantelmo (Legislativo e História, 2011, p. 14).

[22] Irmã Maria Imingard (Anna Mordel – nome civil). Filha de Cristhoph Mordel (fiscal de trem) e Kunigunde Mordel. Nasceu em 18/02/1898 em Rauch in Holz – Alemanha. Fez o noviciado entre 06/08/1924 era professora.

[23] A comunidade que a crônica se refere era Forquilinha-SC.

Como se percebe no fragmento acima, depois de um breve descanso, as missionárias se deslocaram para Matão onde foi a primeira sede das religiosas vindas da Baviera. A Alemanha ficou para trás. Nas terras brasileiras do interior de São Paulo, as religiosas escreveram uma nova página na história da Congregação. Wernet nos forneceu a lista das primeiras cinco Religiosas Escolares que iniciaram os trabalhos em Matão. Foram elas: Irmã Maria Recaldis Haber1[24]- Superiora, Irmã Hygina Hertwig[25] - Enfermagem, Irmã Maria Dicentia Starflinger[26] - Enfermagem, Irmã Maria Deicola Renghardt[27] - Doméstica (rouparia) e Irmã Maria Tuskana Pollath[28] - Doméstica (cozinha) (2002, p. 56).

Assim que as religiosas começaram a trabalhar, logo perceberam as desconfianças do governo brasileiro. Então, entenderam que o melhor caminho para serem bem aceitas seria, primeiro se estabelecer, fixar morada e prestar o serviço no hospital, para depois poder exercer outras atividades que fossem compatíveis com aquilo que a Congregação pudesse oferecer para as pessoas. As atividades deveriam ser de fácil aceitação pelas autoridades governamentais, que estavam de olho em cada passo das atividades exercidas por imigrantes estrangeiros. Vale lembrar que quando as religiosas chegaram ao Brasil, iniciava-se o regime autoritário de Vargas, conhecido como Estado Novo.

A comunidade de Matão, conforme Wernet (2002) ficou assim estabelecida: Irmã Recaldis, (Superiora), Gunthilde (Auxiliar), Dicentia (Enfermeira) e Tuskana (Doméstica). Esta primeira comunidade do Vicariato de São Paulo funcionou de 1937 a 1970 (2002, p. 60).

A segunda comunidade conforme Wernet (2002) foi a Santa Casa de Misericórdia de Itápolis, aberta a pedido de Dom Gastão, bispo titular de São Carlos, instalada em 02/08/1937, com as seguintes religiosas: Irmã

---

[24] Irmã Maria Recaldis Harberl ou (Franzisca Harberl - nome civil) nasceu em 13/06/1896 em Hitzelberg - Alemanha. Era professora em Stadtamhof e fez o noviciado de 06/08/1923 a 06/08/1924. Seus pais Alois Harberl e Margarete Harberl eram agricultores. Irmã Maria Recaldis trabalhou em Francisco Beltrão na década de 1950, no início da instalação do Instituto Nossa Senhora da Glória.

[25] Irmã Maria Hygina (Luise Hertwig - nome civil) nasceu em 22/07/1901 em Amberg - Alemanha. Era enfermeira e fez o noviciado em 07/08/1929 a 08/08/1930. Filha de Andreas Hertwig (economista) e Bárbara Hertwig.

[26] Irmã Maria Dicentia (Notburga Starflinger - nome civil) filha de Joseph Starflinger e Theresia Starflinger (agricultores). Nasceu em 21/06/1902 em Kast bei Altötting - Alemanha. Fez o noviciado entre 05/08/1927 a 04/08/1928 era enfermeira.

[27] Irmã Maria Deicola (nome civil - Theresia Renghardt) filha de Alex Rengliardt (ferreiro) e Maria Reghard. Nasceu em 04/04/1901 em Hipoltsheim - Alemanha e fez o noviciado entre 05/08/1927 a 04/08/1928 era doméstica.

[28] Irmã Maria Tuskana (Ana Pôliath - nome civil), filha de Joseph Pôliath (agricultor) e Bárbara Pôliath. Nasceu em 05/01/1911 em Dettnach - Alemnaha. E fez o noviciado entre 18/08/1934 a 19/08/1935 era cozinheira.

Maria Boaventura (Professora), Ir. Maria Hygina (Enfermeira), Ir. Maria Cailistina (Professora), Ir. Maria Willerika (Enfermeira), Ir. Maria Sebalda (Enfermeira) e Ir. Maria Saluta (Doméstica) (2002, p. 61).

Segundo Wernet:

> Em fins de 1938, portanto, chegou a 30 (trinta) o número das Irmãs Escolares, vindas da Baviera, estabelecidas em São Paulo. De 1939 a 1950 não vieram mais Irmãs da Alemanha. Apesar disso, a aceitação de casas não parara em 1937/1938, e nem nos anos de 1939 a 1942, apesar do início da Segunda Guerra Mundial (2002, p. 63).

Como visto, o Vicariato de São Paulo começou a ter autonomia ainda no final da década de 1930, com a abertura de várias casas e a ampliação dos serviços a comunidade. De 1939 a 1950 não vieram mais Missionárias Escolares da Alemanha para o Brasil, devido à Segunda Guerra Mundial (1939-1945), que gerou consequências trágicas para a Alemanha.

A Diocese de São Carlos, na região central do Estado de São Paulo, necessitava de pessoas preparadas para atuar em diferentes frentes, como hospitais, orfanatos e creches. Enquanto as Irmãs não recebiam a autorização para trabalhar com a educação, não podiam ficar aguardando sem nada fazer, era necessário atuar onde eram chamadas.

A partir deste contexto de instabilidade nacional, as Irmãs Escolares se articularam para assumirem outras áreas emergentes da Diocese de São Carlos.

Segundo Wernet:

> A casa originalmente, propriedade da falecida senhora Virgínia Prado Amaral foi, por testamento, doada a uma Congregação Religiosa que se dedicasse a atividades educacionais e assistenciais. Pela mediação do testamento, o Padre Francisco Serra, Vigário de Jaú, a doação recaiu para as Irmãs Escolares de Nossa Senhora. O contrato foi assinado em 12 de janeiro de 1938, e a entrada se deu aos 17 de janeiro de 1938. Sendo a primeira propriedade da Congregação no Brasil, Jaú Forte tornou-se CASA-MÃE do Vicariato e sede da Vigária Irmã Maria Recaldis Harberl (2002, p. 64).

Ficou evidente que as Irmãs Escolares vieram para ficar. Enquanto na Alemanha Hitler confiscou os bens da Congregação, aqui, estavam começando a receber doações de imóveis. Como evidenciado, em 17/01/1938, as religiosas assumiram, na cidade de Jaú, uma segunda casa recebida como doação de uma senhora caridosa. Conforme orientação da benfeitora em testamento, a casa deveria ser doada a uma Congregação que trabalhasse com a educação e se dedicassem aos serviços assistenciais aos mais pobres e necessitados. Como as Irmãs Escolares de Nossa Senhora, atendiam aos critérios estabelecidos pela doadora, acabaram sendo beneficiadas com a propriedade. Esta casa, segundo Wernet (2002), foi a primeira propriedade das Irmãs Escolares do vicariato de São Paulo no Brasil e tomou-se Casa Mãe.[29]

Aos poucos, a Congregação foi se consolidando na região, sendo aceita pelas comunidades locais. Era só uma questão de tempo para retomar a obra educacional, e levar em frente o projeto de Madre Maria Teresa Gerhardinger.

Assim as Irmãs precisaram optar primeiro pelos serviços na área de saúde, para alguns anos mais tarde, quando a situação estivesse menos tensa, poderem dedicar-se ao campo específico delas, ou seja, os projetos educacionais. O Vicariato de São Paulo aos poucos foi se constituindo e se estruturando de tal forma que tinha à sua disposição 16 Irmãs Escolares inseridas em três comunidades, ainda no ano de 1937. Isso evidencia que no mesmo ano vieram mais irmãs da Alemanha. Conforme indicado no álbum histórico das irmãs, em outra viagens de navio vieram a Irmã Maria Sarolta Schmucker[30], Irmã Maria Recaldis Haberl e Irmã Maria Illuminata Singer[31], da Província da Baviera, com outras Irmãs atravessaram o oceano Atlântico em busca da América do Sul.

De acordo com Wernet:

> [...] a Madre Geral achou mais prudente a criação de um Vicariato específico para as casas do Estado de São Paulo. Em 06 de julho de 1937, estabeleceu-se formalmente o Vicariato de São Paulo, sendo nomeada para a função a Irmã Maria Recaldis Haberl" (2002, 58).

---

[29] A Sede de uma Congregação além de ser o ponto de encontro entre as Irmãs para reuniões, momentos de formação, retiros espirituais, também é o local onde acontecem as tomadas de decisões dentro da Congregação como os remanejamentos das religiosas para outras comunidades e funções, bem como a abertura ou o fechamento de comunidades. É a casa onde se concentra a administração da província.

[30] Irmã Maria Sarolta Schmucker chegou ao Brasil com o 3º grupo de missionárias em 23 de outubro de 1937. Em Francisco Beltrão, foi por muitos anos desde a fundação a responsável pelo Jardim de Infância.

[31] Irmã Maria Illuminata Singer chegou ao Brasil em 19 de novembro de 1937 com o 5º grupo de missionárias e foi a primeira professora da escola primária na antiga casa de comércio do senhor Vicente Longo onde funcionou a primeira sala de aula do Instituto Nossa Senhora da Glória.

Havia razões para a criação do Vicariato de São Paulo? Certamente. Possivelmente o principal fator tenha sido pelo fato de o Brasil ser um país enorme com dimensões continentais, a precariedade do sistema rodoviário, a comunicação e por uma questão de praticidade para facilitar a vida e as atividades das religiosas. A distância não permitia unir na mesma administração as casas de São Paulo e Santa Catarina.

Na Imagem abaixo podemos visualizar Madre Maria Recaldis Haberl, a primeira

Superiora responsável pelas Irmãs Escolares das casas do Vicariato de São Paulo.

Imagem 5. Madre Maria Recaldis Haberl.

Fonte: Wernet, 2002, p. 57.

No período, a Diocese de São Carlos estava com várias demandas e numa situação difícil para desenvolver os trabalhos sociais. Este fato se constata, devido várias frentes de trabalhos que as Irmãs foram assumindo de forma tudo muito rápida. Em alguns casos em menos de 30 dias, muitas atividades foram assumidas, tudo no mesmo ano a partir do momento em que chegaram à diocese.

Segundo a Crônica:

> Já no dia 7 de maio surpreendeu-nos o bispo diocesano, D. Gastão Pinto de São Carlos. Ele manifestou o desejo que as Irmãs assumissem a direção do hospital de ITAPOLIS. Logo mais veio a Madre Mansueta de Araraquara, provincial das Irmãs das Escolas Cristãs, da Áustria. Elas queriam saber como nós estávamos passando. No dia 18 de maio dormimos pela primeira vez na Santa Casa (Wernet, 2002, Anexo 3, s/p).

A presença das Religiosas Escolares tinha a autorização do bispo local. Dom Gastão visitou a comunidade das Irmãs e conversando com as religiosas, manifestou o desejo de que elas assumissem o hospital de Itápolis. Para tanto, carecia de mais irmãs preparadas, na área da enfermagem, para a expansão no projeto de saúde. As crônicas também registraram a da Irmã Provincial de Araraquara, da Congregação das Irmãs das Escolas Cristãs da Áustria. Isso evidencia que já havia outras ordens religiosas instaladas na região, significando que as Irmãs Escolares não foram as primeiras a chegar à Diocese. Após uns 11 dias depois da conversa com o bispo, as Irmãs já tinham uma residência oficial e se instalaram em Itápolis.

Conforme Wernet:

> Foi o próprio Arcebispo Dom Gastão L. Pinto que no dia 11 de junho de 1937, pediu Irmãs para a cidade de Jaú a fim de administrar uma Casa para Crianças. As Irmãs mostraram interesse. Já no dia 1 de Julho de 1937 a Madre Recaldis Harberl, visitando a cidade de Jaú, entrou em contato com as autoridades locais para ver se havia ou não, reais possibilidades das Irmãs assumirem a Casa da Criança, que aceitava crianças de 3 a 10 anos de idade, em número de 40, e estava funcionando das 6h da manhã até às 18h. A impressão foi muito boa e, a partir do dia 15 de Setembro de 1937, a CASA da CRIANÇA de Jaú passou a funcionar sob direção das Irmãs Maria Gunthilde Haberl e Irmã Maria Sarolta Schinucker (2002, p. 59).

As Irmãs Escolares estavam dispostas a colaborar com a Diocese de São Carlos, naquilo que fosse possível. Este novo serviço, já começava a se aproximar das atividades educacionais, projeto central da Congregação.

Neste sentido, a Madre Superiora Ir. Maria Recaldis não hesitou e logo foi ver as possibilidades no local para assumir a instituição Casa Criança. Assim, As Ir. Maria Gunthilde e Ir. Maria Sarolta Schumucker administraram a Casa da Criança de Jaú. Na Imagem abaixo, podemos visualizar a Casa da Criança sob a administração das Irmãs Escolares.

Imagem 6. Casa da Criança Jaú - SP 1937.

Fonte: Wernet, (2002, p. 59).

Aos poucos as religiosas foram se adaptando e uns dias depois chegou de São Paulo Ir. Ghuntildes para auxiliá-las nas aulas de Língua Portuguesa e instruí-las a respeito da nova cultura do povo brasileiro, na qual as irmãs estavam sendo inseridas.

Diante da política de exclusão e expulsão das religiosas na Alemanha, as portas continuaram se abrindo no interior de São Paulo. As Irmãs assumiram o hospital na cidade de Pederneiras, a Santa Casa de Misericórdia. Conforme Wernet "em janeiro de 1938 se dirigiram para lá as Irmãs: Maria Stanislava Schiedermeier (Superiora), Marta Seilaris Rundel (Enfermeira) e Maria Terentia Eder (Doméstica)" (2002, p. 65).

Ao lermos as Crônicas de registros referentes ao ano de 1951 encontramos a seguinte afirmação: "Mas agora a província começou a se mexer. A futura superiora, Ir. Maria Iluminata Singer se encontrava ainda no meio das queridas órfãs em Pirajuí. Me. Recaldis em Jaú" (Cronicas – 2[32], s/d).

---

[32] Sobre as citações oriundas das crónicas fizemos os seguintes esclarecimentos: No arquivo do atual Colégio Nossa Senhora da Glória existem duas crónicas, uma manuscrita, cujo o último registro foi em 1962, na biblio-

O que poderia significar essa afirmação? "Que a província começou a se mexer"? Parece contraditório mediante tantas coisas que as religiosas haviam realizado em curto espaço de tempo. Será que a Irmã que fez o registro se referiu à falta de vocações em São Paulo?

Conforme registrado na Crônica:

> Da filial que fundamos com os maiores sacrifícios por causa das vocações. De 1937 a 1951 tivemos filiais somente no estado de São Paulo. Dalí vieram no começo nossas primeiras vocações. Em 1944, o Padre. Redentorista Luiz de Castro, o nosso primeiro professor de Português, na Alemanha, chamou nossa atenção para o Estado de Minas Gerais. Este Padre pregou missões na cidadezinha de Santa Rita de Caldas e fez propaganda para nossa Congregação. O Vigário de lá Padre Alderige Forriane, encaminhou novas vocações para nós, graças a Deus (Crônica – 2, s/d).

Essa passagem evidencia que as Irmãs do vicariato de São Paulo precisavam angariar novas religiosas em outras regiões, pois havia a carência de novas membras, para ampliar os serviços e atender aos pedidos de novas paróquias. No entendimento delas, o futuro da Congregação dependeria do aumento, das vocações que poderiam ser encontradas em outras regiões. Certamente, a vinda para a região Sul abria a possibilidade de crescimento da ordem, e a abertura de novas casas.

Pelo que evidenciamos em vários períodos da história da Congregação, as preocupações referentes às vocações e educação eram constantes e estavam interligadas. As Irmãs buscavam locais para se instalarem definitivamente e não fazer uma experiência temporária. Havendo vocações, as religiosas formariam as professoras da própria Congregação, para dar sequência também na expansão dos projetos educacionais e pastorais. Este dado se confirma pelos registros presentes no Livro das Crônicas, do Instituto Nossa da Glória. Segundo o documento referente ao registro de atividades do ano de 1951:

> [...] de todos os lados aconselharam-nos e diversas Congregações comprovaram: Quem quiser muitas e boas vocações deve começar obras no Sul do Brasil, Rio Grande do Sul, Santa Catarina e Paraná. Durante anos preocupamo-nos com este plano, procuramos informações, refletimos. Seguindo

grafia final indicamos como Crônica – 1; e outra se encontra mimiografada/datilografada, na referência final indicamos como Crônica – 2 (mimeo). Ao citar as crônicas indicamos, no texto, a data provável, a qual o registro se referia, por isso não indicamos o ano na citação dentro dos parênteses, somente a siglas s/d (sem data). Como os documentos também não são paginados, também não indicamos a página.

> o conselho da Madre Geral, Me. Recaldis e Ir. Boaventura, viajaram em 1948 para os Estados do Sul. Em Santa Catarina e Rio Grande do Sul visitaram as casas das nossas Irmãs da Província da Silésia. (Crônica – 2, s/d).

Devido à falta de vocações e também para atenderem aos pedidos de padres e bispos, as Irmãs Escolares resolveram conhecer o Sul do Brasil. Por isso, Irmã Recaldis Harberl, superiora na época acompanhada por Irmã Maria Boaventura Gress, que era membra do conselho da Congregação, foram visitar as Irmãs da província da Silésia, instaladas em Forquilinha/SC desde 1935, para fazer uma sondagem vocacional.

Em 1951, as Irmãs se decidiram a abrir casas no Sul. Segundo Pedron (2022), viajaram de São Paulo para Joaçaba e foram conhecer as instalações oferecidas para se instalarem em Campos Novos. De lá foram para Lages para conversar com o bispo, mas não o encontraram. Procuraram por ele em Lages, Joaccaba e Luzerna, mas conseguiram contato. Nesse desencontro, "houve contato das irmãs com um franciscano em Joaçaba e ali surgiu a informação de que a Vila Marrrecas, no Sudoeste do Paraná, seria um local propício para a implantação de uma casa voltada a promover as vocações religiosas" (Pedron, 2022, p. 31-2). Então, as Irmãs resolveram conhecer a prelazia de Palmas, que na época era dirigida pelo bispo dom Carlos Savóia Bandeira de Mello, que também já havia manifestado o interesse em acolher irmãs religiosas.

Segundo Lazier, a chegada da Congregação das Irmãs Escolares de Nossa Senhora se deu da seguinte forma:

> No ano de 1951 as Irmãs Recaldis Haberl e Boaventura Gress, visitaram os Estados do Sul - Paraná, Santa Catarina e Rio Grande do Sul, principalmente para conseguir vocações para a Congregação. Em 02.10.1951 foram de Joaçaba (Santa Catarina) para Palmas (Paraná). Chegando em Palmas, o vigário sugeriu que as mesmas fossem para Marrecas por considerar que a Região necessitava do trabalho das Irmãs (1982, s/p).

Conforme indicado por Pedron (2022), ao chegarem na Vila Marrecas, as irmãs Maria Recaldis Harber1 e Maria Boaventura Gress foram direcionadas para a casa de Virgínia e Zulmiro Ruaro, que forneciam as refeições para o Frei Deodato[33], que era o padre que atendia a região. Segundo o autor

---

[33] Frei Deodato Bernhart foi Frade Menor da Província Franciscana da Imaculada Conceição do Brasil da Ordem dos Frades Menores. Frei Deodato nasceu na Alemanha e veio como missionário trabalhar no Brasil. Ele foi o primeiro pároco de Francisco Beltrão. Sobre a passagem de Frei Deodato em Francisco Beltrão cf. Pedron (2022).

ao encontrarem o Frei Deodato, ele perguntou de forma áspera "o que elas queriam em Marrecas". Depois de algumas conversas, se entenderam e as irmãs receberem a aprovação e o apoio do Frei para se instalerem na vila (Pedron, 2022, p. 32).

Segundo os fatos indicados por Pedron (2022), a passagem das Irmãs pela Vila Marrecas nos primeiros dias de outubro de 1951, foi muito rápida. Chegaram no dia 3, quando tiveram a primeira conversa com Frei Deodato. No dia 4 Frei Deodato reuniu os membros da comissão da igreja "para mostrar às religiosas três terrenos na vila, para que um fosse escolhido para a construção do colégio particular da congregação" (2022, p. 32). No dia 5, as irmãs já estavam em Joaçaba, onde conversaram com o bispo, indicando que tinham desistido de se intalarem em Campos Novos/SC e de lá retornaram para São Paulo de avião (Pedron, 2022). Essa passagem rápida foi confirmada na crônica.

A decisão da comunidade da Vila Marrecas em receber as Irmãs Escolares, obrigou-os a fazer alguns encaminhamentos para acelerar a vinda delas.

Conforme registrado em Ata:

> Aos 7 dias do mês de outubro de 1951 as quatorze horas na Igreja de Nossa Senhora da Glória, neste povoado de Marrecas, sob a direção do Reverendíssimo Frei Deodato Bernhart reuniram-se os Srs. João Pedro Mazzaro, Guerino Fabris, Antônio Potrik, Ricieri Cella, Luis Antônio Faedo, Vicente Longo, José Opolski, Filiciano Pessoas, Natalino A., Ângelo Fascin, Teodoro Zanata, Ciro Galban, Pedro Ferronato, Augusto Da - Rosa, João Antunes, Luis Cavasini, Edivino Marmentini, Luiz Paggi, Júlio Lago, Dionísio Dalas, João Dalla Vechia, Angelo Rodin, Luiz Lorenzeti, Luiz Menon, Olívio Locatelli, Angelo de Costa, Laurindo Gemeili e Atílio Fausto, tendo esta reunião o objetivo de criar um Colégio que será dirigido por Irmãs religiosas; (Instituto N. S. da Glória, Ata n°1, de 1951).

A ata indica uma reunião com horário e local determinado, ou seja, na Igreja de Nossa Senhora da Glória. A discussão se deu com a finalidade de viabilizar a criação de uma instituição escolar que seria dirigida pelas Irmãs Escolares. Frei Deodato foi quem convocou a reunião com os senhores da comunidade, que constituíam a elite local da época, para tomar a decisão sobre a construção da casa/escola das Irmãs. Ficou clara a grande autoridade que o padre exercia na comunidade, em relação a formação escolar e religiosa na época.

Um detalhe da ata nos chamou a atenção. Será que não havia nenhuma mulher na reunião? Ou simplesmente seus nomes não foram registrados na ata?

Na mesma Ata foi registrado o seguinte:

> Em primeiro lugar, foi tratada a compra de direitos dos terrenos urbanos, sendo que pelo Padre Deodato tratou do assunto com os Srs. Luiz Antônio Faedo, Luiz Pagi. Tendo tratado com o primeiro Sr. Luis Antônio Faedo 8 lotes pelo preço de 10.000,00 dez mil cruzeiros) e com o segundo Sr. Luiz Pagi 1 lote por Cr$ 1.500,00 (um mil e quinhentos); não deixando de mencionar que o Sr. Faedo doou um terreno ficando assim constituídos ditos terrenos em número de dez, pela importância que mais tarde será paga no valor de Cr$ 11.500,00 (onze mil e quinhentos) (Instituto N. S. da Glória, Ata n.°1, de 1951).[34]

Conforme registrado, o Sr. Luiz Antônio Faedo acertou com Frei Deodato a venda de 8 lotes para as Irmãs Escolares e a doação de mais 1 lote. Com o Sr. Luiz Pagi, Frei Deodato acertou a compra de 1 lote. Desta forma, a área total adquirida para as Irmãs Escolares foi composta de 10 lotes, formando um só terreno, onde está a atual sede, na Rua Tenente Camargo.

Na mesma reunião também foi feito os seguintes encaminhamentos:

> Em segundo lugar, sem haver eleições foi escolhida a comissão que dirigirá os destinos do mencionado Colégio a construir tendo escolhido entre os presentes os senhores: João Pedro Mazzaro - Presidente, Guerino Fabris - Secretário e Antônio Potrik - Tesoureiro. E por fim deu - se início da "tomada em relação", de improviso das ofertas dos presentes (Instituto N. S. da Glória, Ata n.°1, de 1951).

A Ata também revela que foi instalada uma comissão que tomou a frente para cuidar da construção da casa. Ainda nesta reunião foi iniciada a arrecadação de fundos para as obras. Ficou evidente o grande entusiasmo para a vinda das irmãs. Segundo Lazier: "com tudo encaminhado, a con-

---

[34] Sobre a aquisição do terreno, na crônica apreceu da seguinte forma: "Nós escolhemos um, numa colina, em frente a igreja, talvez dez minutos afastado (?). O dono, aparentemente um bom italiano, bondoso, Luiz Antonio Faedo foi chamado. Ele cedeu 110 x 90 por Cr$ 11.000,00, somente porque seria para as Irmãs, para o futuro colégio. Uma comparação a parte: Em São Paulo, Vila Clementina, se obteria somente 11m por 11.00,00" (Crônica – 2, s/d).

tento, as irmãs voltaram para São Paulo, entusiasmadas com a perspectiva de trabalhar em Marrecas" (1982, s/p)[35].

Este contato foi importante, pois foi a partir de então que as religiosas perceberam que Marrecas/Francisco Beltrão, era uma região com famílias religiosas e que carecia de educação e formação.

Ao concluirmos esse capítulo constatamos que as religiosas chegaram, no Brasil, em 1937 tendo uma missão muito clara: dar continuidade ao projeto da congregação e colaborar com o fortalecimento da cristandade, sob a orientação da Cúria Romana, educando com qualidade meninas e meninos, preferencialmente os mais pobres e marginalizados da sociedade. Do Estado de São Paulo, as Religiosas partiram para outras regiões, chegando ao Paraná e se instalando em Marrecas/Francisco Beltrão em 1952. Mais de um século se passou da fundação da Congregação até a chegada em Francisco Beltrão. Será que as Religiosas Escolares se conservaram fiéis ao projeto original de Madre Maria Teresa? Se dedicaram a trabalhar com os pobres ou vieram ajudar na formação da elite beltronense?

No próximo capítulo buscamos compreender a chegada, a instalação e a organização do Instituto Nossa Senhora da Glória em Francisco Beltrão.

---

[35] Nesta passagem temos indícios de que as Irmãs estavam em Francisco Beltrão quando houve a montagem da comissão para a construção da casa/escola. De fato os documentos geram alguma dúvida, mas o mais provável tenha sido que Lazier tenha misturado a informação dos dois documentos, a Ata e crônica. O mais provável foi que as Irmãs não estavam na reunião. A compra dos terrenas já tinha sido acertada dias antes, na presença das Irmãs. A reunião registrada na ata foi da comissão que ficou encarregada de preparar a vinda das Irmãs no início do ano seguinte.

O INSTITUTO NOSSA SENHORA DA GLÓRIA EM FRANCISCO BELTRÃO – PR

A região de Francisco Beltrão, no início da década de 1950, vivenciava um intenso processo de migração, oriundo do Rio grande do Sul e Santa Catarina. Tudo estava no início, inclusive o problema da luta pela posse da terra. As Irmãs Escolares chegaram, se instalaram provisoriamente e começaram a trabalhar. Compreender o processo de inserção das religiosas e as ações que desenvolveram em Francisco Beltrão e região é o objetivo central deste capítulo.

2.1. Contextualizando a chegada da Congregação das Irmãs Escolares em Francisco Beltrão

Quando se fala em região Sudoeste do Paraná, o que entendemos? O Sudoeste do Paraná corresponde a região que vai de Palmas a Capanema, considerando a margem esquerda do rio Iguaçu, entre a s divisas de Santa Catariana e a Argntina. Comporta 42 municípios que formam a Associação do Municípios do Sudoeste do Paraná (AMSOP)[36].

---

[36] Padis, em 1981, definiu da seguinte forma: "por região sudoeste paranaense, talvez até se pudesse chamá-la de oeste-sudoeste é a parte do Estado compreendida por 63 municípios encravados numa área de aproximadamente 66,5 mil quilômetros quadrados" (1981, p. 147).

Mapa 1. O Sudoeste na região Sul do Brasil

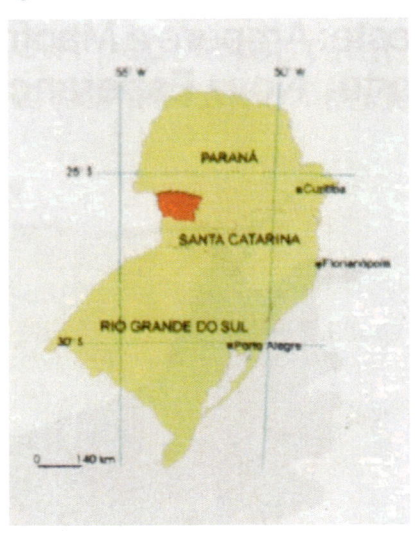

Fonte: Prefeitua Municipal de Francisco Beltrão, (2002. p. 12).

A região conhecida como Sudoeste do Paraná vivenciou vários conflitos ao longo de sua história. Para determos apenas nos mais próximos, lembramos que a maior parte do seu território esteve envolvida no conflito de Palmas, entre Brasil e Argentina, resolvido em 1895 e do Contestado (1912-1916), entre Paraná e Santa Catarina.

Palmas foi o primeiro município da região e foi responsável pela administração entre 1879 até 1892, quando foi criado o município de Bela Vista de Palmas, que passou a se chamar Clevelândia a partir de 1909. Em 1943, com a criação do Território Federal do Iguaçu (TFI), foi criado o município de Magueirinha. Com a extinção do TFI em 1946, Mangueirinha foi mantido como município imdependente de Palmas. Pela lei Estadual, n. 790, de 14 de novembro de 1951 foram criados 5 novos municípios na região, todos emancipados do municíop de Clevelândia, os quais entraram em atividade em 1952.

Abaixo podemos visualizar o mapa com os municípios que formavam a região Sudoeste do Paraná em 1952.

Mapa 2. Região Sudoeste do Paraná 1952.

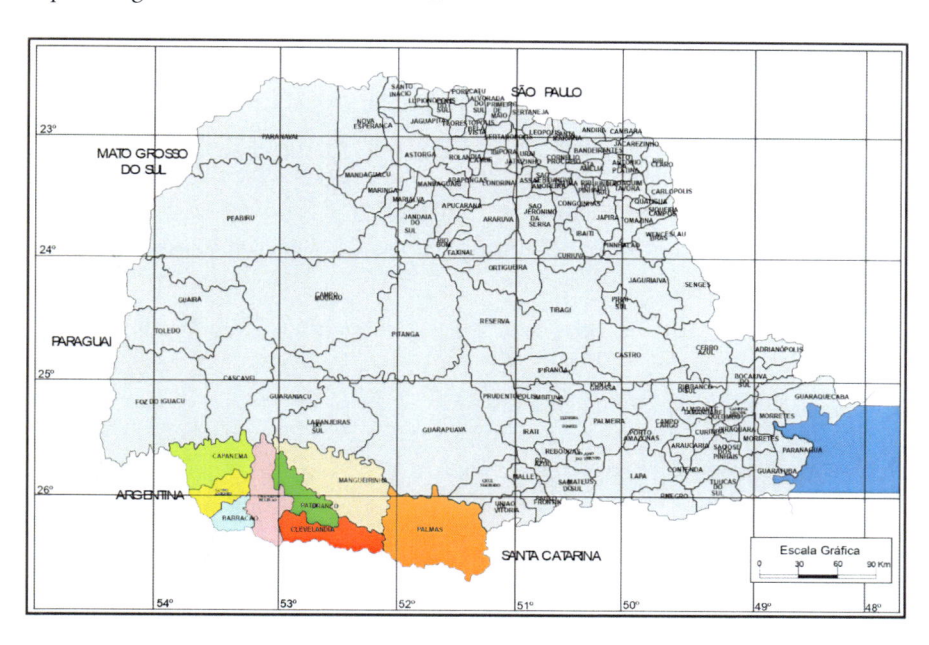

Fonte: Oliveira, 2022, p. 110.

A emancipação dos novos municípios potencializou o desenvolvimento da região, favorecendo a entrada e migrantes, vindos do Sul. Mas também acirrou os problemas referentes a luta pela propriedade das terras da região entre o Estado, as companhias colonizadoras e os colonos. Para entender melhor esse conflito, precisamos retroagir um pouco no tempo.

Segundo Wachowicz:

> Em 1918 e 1920, a colonização do sudoeste, dirigida pelo Estado do Paraná, sofreu um revés. O Paraná foi obrigado a titular aos norte americanos da Brasil Railway Company, extensas glebas em pagamento pela construção da ferrovia São Paulo Rio Grande e do Ramal Ponta Grossa Guarapuava. Extensos territórios foram titulados aos construtores, entre os quais se sobressaía a gleba Missões. Observe-se que a gleba Chopim foi titulada aos norte-americanos em pagamento pela construção da ferrovia São Paulo Rio Grande, e a de Missões pela construção do ramal Ponta Grossa-Guarapuava. Quase todo o sudoeste passou a ser propriedade desta multinacional americana (2002, p. 179-180).

A afirmação de Wachowicz expressa uma situação de endividamento feita pelo Estado com as companhias americanas. Não sabemos que espécie de contrato foi assinado pelo governo naquele momento histórico. O que podemos constatar, foi que o Estado do Paraná "foi obrigado" a entregar para a empresa americana uma quantidade de terras impressionante, como pagamento pelas obras ferroviárias a serem realizadas. Praticamente quase toda a região Sudoeste tinha sido entregue a Brasil Railway Company como pagamento pelas obras. Somente com a chegada de Getúlio Vargas no poder, que a situação tomou outro rumo.

Quando Getúlio Vargas assumiu o poder em 1930, o sistema capitalista estava em crise nos Estados Unidos e em países europeus. Essa crise dificultava ainda mais a situação do Brasil, que tinha uma economia baseada na exportação. Para enfrentar essa crise era preciso investir na industrialização e criar condições para a expansão de regiões agrárias no país. A região Sudoeste do Paraná se enquadrou perfeitamente na política agrícola expansionista de Vargas, pelo seu potencial vegetal, num primeiro momento e, depois pelo agrícola. Tudo sob a influência direta do imperialismo norte americano.

Segundo Lazier:

> O Governo de Getúlio Vargas, que assumiu o poder em 1930, para recuperar o capitalismo, passou a adotar a intervenção estatal na economia. Foi criado o Instituto Brasileiro do Café, o Instituto Nacional do Petróleo, a Usina de Volta Redonda, O Instituto Nacional do Pinho, O Instituto Nacional do Açúcar, do Álcool e o Instituto Nacional do Mate (1998, p. 108).

Pelo visto, a chegada de Vargas ao poder, tinha uma missão específica: revigorar o sistema capitalista que estava doente e que precisava se expandir para se fortalecer. Para isso, foi determinante a intervenção do governo na criação de meios estruturados, a fim de que o sistema capitalista ganhasse força e se expandisse por todo o Brasil. Nesse sentido foram criados os institutos de norte a sul do país dentro da perspectiva de produção e regulação pelo Estado. Ficou evidenciado que Vargas adotou como estratégia privilegiar o potencial de produção que cada região do Brasil possuía, com as mais variadas diversificações de produtos. No caso do Sudoeste do Paraná: a erva mate, a madeira e a produção agrícola.

Conforme indicou Martins:

> O problema fundiário no Brasil envolve, historicamente, ações de violência e corrupção, exercida muitas vezes sob as vistas complacentes e inoperantes do poder público que acoberta seus autores, a ponto de elaborar leis com o único propósito de lhes dar guarida. A criação de granjas modelo, no Governo Vargas, a pretexto de atender aos reclamos do nosso homem do campo e de aprimorar a produção agrícola no País, ensejou, tão somente, a concessão indevida de terras aos apaniguados da Ditadura, conforme se evidencia a seguir. Todavia, a implantação pelo mesmo Governo de Colônias Agrícolas Nacionais, visando o aproveitamento de terras supostamente devolutas, ainda que feita de maneira atabalhoada, deixou no Paraná, um saldo positivo, ao propiciar, a marcha rumo as nossas fronteiras com o Paraguai e a Argentina, promovendo a ocupação física e o aproveitamento de uma extensa e fértil região até então inexplorada. (1986, p. 21).

A partir da política intervencionista de Getúlio Vargas começaram a chegar inúmeras famílias ao Sudoeste do Paraná. Os Decretos de Vargas possibilitaram a colonização do Sudoeste. Podemos afirmar que o povoamento, o desenvolvimento do Sudoeste do Paraná se deu dentro do contexto da crise do sistema capitalista. Foi através da intervenção estatal na economia brasileira, que Vargas tentou revitalizá-lo mediante a política da "Marcha para o Oeste". A "Marcha para o Oeste" foi um projeto desenvolvido por Getúlio Vargas, durante a ditadura do Estado Novo, com o objetivo de promover o desenvolvimento populacional e a integração econômica do Brasil, sendo criados territórios federais e colônias agrícolas em diversas regiões do País. (Lopes, 2002).

Foi neste contexto de expansão das fronteiras do sistema capitalista visando superar a crise que foram instalados o TFI e a Colônia Agrícola Nacional General Osório (CANGO), em 1943. Tanto o TFI e a CANGO tiveram papel muito importante para o desenvolvimento regional. De acordo com Martins, a CANGO foi uma iniciativa tomada "pelo Presidente Vargas em 12 de março de 1943, com o objetivo de promover a ocupação física da rica e extensa faixa de nossa fronteira, fixando nela, inicialmente reservistas que havia sido deslocados de seus afazeres rurais para a prestação do serviço militar obrigatório [...]". (1986, p. 26).

A CANGO foi instalada provisoriamente em Pato Branco, devido a falta de estradas na região. Com a conclusão da estrada em 1948, se instalou definitivamente na Vila Marrecas, dando início ao processo de colonização, com a distribuição de terras aos colonos vindos do Rio Grande do Sul e Santa Catarina. Tal medida entrou em choque com os interesses das companhias colonizadoras que disputavam judicialmente a posse das terras da região.

Com a instalação da CITLA, em 1951, iniciaram-se os conflitos contra os projetos da CANGO. A CITLA agindo ilegalmente acabou por comprometer projetos importantes idealizados pela Colônia Agrícola. A mesma CITLA se tornou um grande obstáculo atrapalhando o processo de assentamento de colonos no Sudoeste do Paraná. Conforme Cattelan, "a CITLA exigia a retirada da CANGO das terras, que supostamente as pertencia. Mesmo com o processo de pagamento da dívida correndo na justiça, a CITLA tentou se apropriar das terras" (2014, p. 105).[37]

A indiferença dos governantes do Estado paranaense, possivelmente motivado por interesses particulares, fez com que "os posseiros e o povo do Sudoeste do Paraná resolveram colocar um paradeiro naquele estado de coisas fazendo justiça com suas próprias mãos" (Lazier, 1998, p. 76). De acordo com Cattelan, "aconteceu o primeiro confronto entre jagunços e colonos em 2 de agosto de 1957 no distrito do Verê" (2014, p. 113). A polícia em vez de defender os colonos os desarmava e muitas vezes os espancava.

Como resposta a estes atos de violência, as lideranças das colônias e da cidade se articularam como tentativa de desestabilizar a CITLA. A companhia respondeu com tentativas de subornos. Não tendo êxito, eles passam a ser ameaçados pelos jagunços das companhias.

A paciência se esgotou e os posseiros se organizaram para demonstrar resistência ao que estava acontecendo. "Nos meses de agosto, setembro e outubro de 1957, a situação se agravou. O número de mortes e o nível de violência em diversos municípios haviam aumentado consideravelmente" (Fiorese, 2000, 69). Os posseiros começaram a se manifestar abertamente pelas ruas contra as companhias na região. Assim aconteceu em Barracão, Capanema, Pato Branco, Santo Antônio. Em Francisco Beltrão, conforme indicou Lazier, as manifestações aconteceram "no dia 10 de outubro de 1957. Foi o coroamento da luta, pois nesta cidade funcionavam os escritórios da CITLA e da COMERCIAL. Era o quartel general dos jagunços". No dia 11, os posseiros, sentindo que as companhias haviam perdido o controle da

---

[37] Na crônica das Irmãs Escolares apareceu o seguinte registro sobre o conflito pela terra, referente ao ano de 1952. "Toda a região é cobiçada. Em Marrecas há representantes de 2 Comissões. Cada uma afirma que ela possui o direito de vender as terras. Nós nos dirigimos às 2 comissões e cada uma promete que contruirá um belo Colégio se ganhar a causa. No dia 6 de maio soube pela carta de Ir. Iluminata que houve tiros em Marrecas, anúncio que a Cia CITLA ganhou a causa. Em ação de graças ela quer contruir uma capela em honra a Sta. Catarina. Mas fizeram nada" (Crônica – 2, s/d).

situação, iniciaram a "depredação dos escritórios das companhias. Tudo foi jogado para a rua, principalmente as notas promissórias" (Lazier, s/d p. 21).

Muito embora tivesse encerrado o conflito entre os posseiros e as companhias que se diziam vítimas, sendoa as legítimas proprietárias das terras, as incertezas e tensões permaneceram na rigião Sudoeste por um período de mais cinco anos até a criação do GETSOP[38], em 1962. Enquanto a questão das titulações das terras não era resolvida, pairava um clima de inquietação e insegurança no Sudoeste. Isto porque "ninguém na região sentia-se proprietário e nem posseiro" (Wachowicz, 2002, p. 228).

O GETSOP surgiu em um momento tenso na região, sendo a alternativa para colocar fim a inúmeras injustiças que durante anos, a classe agrária trabalhadora do Sudoeste paranaense vinha sofrendo. Para Lazier, "a criação do GESTOP foi uma verdadeira reforma agrária no bom sentido, que é não só distribuir terras, mas também, dar assistência ao colono na região. O GETSOP programou e executou tais medidas" (s/d, p. 24).

A regularização da posse da terra possibilitou a modernização da agricultura, permitindo que os agricultores tivessem acesso ao crédito agrícola, podendo investir em máquinas, adubos químicos, agrotóxicos e sementes selecionadas, visando o aumanto da produção de alimentos.

Ficou claro que a região Sudoeste do Paraná se desenvolveu e correspondeu ao pretendido pelo governo brasileiro, se constituindo em uma região de grande produção agrícola. Para demonstrar o crescimento da região, reproduzimos um quadro evidenciando o avanço populacional entre 1940 e 1975.

Quadro 4. População da Região Sudoeste do Paraná entre 1940 e 1975.

ANO	POPULAÇÃO
1940	17.240
1950	53.972
1960	211.534
1970	446.360
1975	555.000

Fonte: Lazier, (1998, p. 109).

---

[38] GETSOP: Grupo Executivo para as Terras do Sudoeste do Paraná. Entidade criada pelo Decreto nº 51.131, de 19 de março de 1962, pelo presidente João Goulart para regularizar as terras em conflito.

Ao concluir este tópico, destacamos a passagem do modelo de produção de subsistência para o modelo de exportação. Os dados mostram a grande expansão demográfica do Sudoeste, trazendo a necessidade de expansão na oferta de escolarização.

2.2 A instalação provisória do Instituto Nossa Senhora da Glória em Francisco Beltrão

Vimos no capítulo I que a passagem das Irmãs Escolares, no início de outubro de 1951 na Vila Marrecas, foi motivo de muita alegria e esperança para a cominidade local. Imediatamente se organizaram e criaram as condições para a instalação de uma casa para as irmãs, que deveriam se instalar na Vila no início de 1952. Na passagem, as irmãs se comprometeram a abrir uma escola e auxiliar no serviço da pastoral, setores muito carentes na época, pois tudo estava no início.

Ao decidirem vir para a Vila Marrecas/Francisco Beltrão, as Irmãs Escolares assumiram um compromisso com a comunidade local e também com a Igreja. Na época ianda não existia a Diocese de Palmas, mas sim a Prelazia de Palmas[39]. Quais eram os principais projetos da Prelazia, quando as Irmãs Escolares aqui chegaram?

Segundo Diel:

> Primeiro, na formação dos novos padres, construindo o Seminário São João Maria Vianey fundado em 1939. Este tinha como objetivo preparar jovens para receberem o múnus sacerdotal dentro dos padrões, de um clero sábio, virtuoso e celibatário. Além disso, devoto e obediente. [...]. Em segundo plano, esta proposta se estendia para a formação da elite local que, com a criação do colégio católico praticamente anexo ao seminário, passa a usufruir da rígida e profunda educação católica. Este é o caso de inúmeras escolas, tais como a Escola Bom Pastor de Chapecó, criada em 1947. Assim foi em Palmas, Beltrão, Xaxim, Vargeão e outros lugares (2004, p. 106).

Fica evidente que os projetos em andamento na prelazia de Palmas estava dentro das normas da Cúria Romana, ainda pautada nas decisões tomadas no Concílio de Trento[40]. Na avaliação da Cúria Romana, o clero

---

[39] Segundo Diel (2004) o processo da passagem do nome de Prelazia de Palmas para Diocese de Palmas se deu a partir de 1958.

[40] O Concílio de Trento foi realizado na cidade de Trento região norte da Itália em (1545-1563). Neste Concílio, tomaram decisões importantes a respeito da formação intelectual dos futuros padres da Igreja e também questões

brasileiro era considerado despreparado para trabalhar com as comunidades. Para tanto, era preciso investir na formação dos novos padres para garantir um clero bem preparado intelectualmente, devoto, celibatário e obediente.

O outro aspecto fundamental estava na formação da elite local. Neste aspecto, as escolas Católicas tinham um papel fundamental. Era nessas escolas/Colégios que as elites receberiam uma formação católica dentro dos padrões do catolicismo europeu. Para tanto, foi estimulado a entrada e difusão de Congregações femininas e masculinas para prestar o serviço de educação, a partir dos princípios católicos.

Este modelo de reforma adotado pela Igreja de Palmas, segundo Diel, necessariamente exigiu a presença de "novos agentes religiosos, principalmente as congregações femininas, que viriam justamente para atender esta nova demanda. Desta forma se compreende a presença de grande número de congregações que entram na Prelazia de Palmas neste período" (2004, p. 106).

A partir deste modelo de cristianização chegaram inúmeras congregações para educar a partir da fé católica. De acordo Diel, a partir de "1941 chegam a Chapecó as Irmãs Franciscanas de Maria Auxiliadora [...]. Em 1951 chegam também em Chapecó, com ereção da casa, as Irmãs da Caridade de São Vicente de Paula e em 1952 [...] as aspirantes e juvenistas das Irmãs de São Carlos Borromeu" (2004, p. 106).

As Irmãs se inseriam nesta região com uma missão muito clara: dar continuidade ao projeto de expansão da cristandade católica dentro do padrão europeu, sob orientação da Cúria Romana. Um dos principais meios para que o cristianismo católico pudesse chegar até as pessoas, era através da escola. Esta foi a estratégia da Igreja Católica adotada para formar as crianças das classes menos favorecidas, bem como da elite agrária e urbano da região, dentro dos princípios católicos. Concomitantemente a este projeto de expansão, as religiosas e religiosos aproveitaram a oportunidade para ampliar seus quadros vocacionais e fortalecer as Congregações.

Como as congregações deveriam desenvolver suas atividades? Havia algum contrato, algum acordo entre a Prelazia e as congregações que chegavam na região?

Segundo Diel, sempre que possível:

---

sacramentais e litúrgicas, visando combater o avanço da reforma protestante.

> A dita casa será anexa à obra de um estabelecimento escolar. Em virtude das presentes letras autorizamos a abertura de um oratório semi-público dentro da mencionada casa, sob as seguintes condições: 1. Que tudo se observem o que mandam os sagrados quanto à locação do oratório e conservação digníssima das Sagradas espécies. 2. Que aos domingos e dias santos de guarda, bem como as cerimônias especiais da Paróquia, as Reverendas Irmãs conduzam seus educandos a Igreja Matriz, para lá assistirem os atos religiosos (2004, p. 106).

Diel evidenciou que havia um acordo entre a Prelazia e as congregações que se instalaram nos municípios ou vilas. A casa deveria estar ligada a uma escola, a qual ficaria sob a responsabilidade e administração das irmãs, demonstrando que ali estavam presentes religiosos que tinham autorização das autoridades da Igreja para o curso. Este acordo acontecia sob dois pontos fundamentais: no primeiro seria a preparação de um oratório semipúblico (capela), que deveria estar em condições dignas de um espaço sagrado, ou seja, limpo e bem ornado para a conservação da eucaristia e imagens, para a prática de meditação e oração da comunidade. A segunda condição era que as religiosas deveriam levar as crianças à Igreja aos domingos, para a participação na missa e nas celebrações especiais.

Conforme afirmação de Frei Teodoro[41], que trabalho muitos anos na Prelazia de Palma:

> De tudo me desfaço espontaneamente, contanto que se salve a educação da minha meninada nesta cidade, que haja quem lhes ensine o catecismo, quem os faz ir à Igreja, quem lhes faça ter gosto de ir a Igreja, quem lhes transmita sentimento de religião, quem faça surgir para a Prelazia uma geração melhor, cheia de entusiasmos e zelo por Cristo, disposta a formar um dia a Ação Católica salvadora [...] o principal é incutir no ânimo dos meninos os sentimentos verdadeiros de cristão católico, não só o conhecimento intelectual das verdades do catecismo, mas a fé cristã. (Citado por Diel2004, p. 107).

Pelo fragmento acima, fica evidenciado qual era o objetivo de controlar as escolas. A partir da educação escolar católica seria possível reformar/fortalecer a Igreja. Frei Teodoro entendia a educação escolar como um mecanismo indispensável para intervir na sociedade e produzir as transformações

---

[41] Frei Teodoro foi Frade Menor e pertenceu à Província Franciscana da Imaculada Conceição do Brasil da Ordem dos Frades Menores. Frei Teodoro trabalhou por muitos anos na região de Chapecó – SC, então pertencente a Prelazia de Palmas. Em 1958 foi criada a Diocese de Chapecó, juntamente com a Diocese de Palmas.

e mudanças/permanências necessárias. Nesse sentido podemos entender o desejo da Prelazia de Palmas em fortalecer as ações educativas, via formação escolar ou catequese, pois se buscava, além da formação intelectual, formar o carácter dos jovens e, consequentemente, no futuro da sociedade.

Como demonstrado, a chegada das Irmãs Escolares em Vila Marrecas/ Francisco Beltrão), se deu num momento em que a região Sudoeste estava em pleno início do seu desenvolvimento. As religiosas, quando aqui chegaram, encontraram muito para ser feito. A educação estava em um estado precário, pois havia apenas algumas escolas isoladas na região, trabalhando de forma multisseriadas, como indicou Cattelan (2014). Com a presença da CANGO e mais tarde com o GETSOP, a região foi se desenvolvendo, a cidade crescendo e exigindo cada vez mais melhorias no setor educacional, para poder acompanhar as transformações socioeconômicas em crescente expansão. O trabalho desenvolvido pela Irmãs Escolares contribuiu imensamente nesse processo.

Segundo Lazier (1982), no dia 20 de janeiro de 1952, as Irmãs chegaram e se hospedaram na casa do Sr. Guerino Fabris. Essa data também foi confirmada na crônica. Irmã Inês Terezinha Pontermayer[42], membra da Congregação das Irmãs Escolares de Nossa Senhora, afirmou em entrevista em 2015, que as Irmãs chegaram em Francisco Beltrão, de forma definitiva, em no início de 1952. Na época, o pároco era Frei Deodato que também era de origem alemã. Enfatizou que "quando as Irmãs chegaram em Francisco Beltrão, tinham poucas casas e por esta razão, elas precisaram se hospedar nas casas das famílias" (2015). Segundo Pedron "as religiosas foram acolhidas na casa de Emília e Guerino Fabris por 30 dias, enquanto definiam um local para sua residência em Francisco Beltão" (2022, p. 33).

Sobre os desafios enfrentados pelas Irmãs Escolares na chegada em Vila Marrecas/Francisco Beltrão, Lazier mencionou que "o bispo não era muito favorável à construção de mais uma escola" (1982, p. s/p). Segundo Pedron (2022), ao conversar com as Irmãs, o bispo Dom Carlos Eduardo "elencou uma série de dificuldades", tais como: a de que o Frei Deodade passava muito tempo no interior e não tinha muito tempo para apoiá-las na vila; a de que já havia uma escola pública na vila[43]; a de que população

---

[42] Entrevista concedida a Moacir Belliato no dia 19 de maio de 2015. Irmã Inês é Religiosa Escolar e atua na periferia de Francisco Beltrão, no bairro Padre Ulrico, na pastoral e catequese de crianças, jovens e adultos. Uma curiosidade: Irmã Inês por opção usa o transporte público e faz visitas às famílias a pé.

[43] Segundo Pedron (2022), quando as Irmãs Escolares chegaram em Vila Marrecas/FB já havia duas escolas em funcionamento no povoado, uma criada pela CANGO, que funcionava perto de suas instalações e a outra era

era muito carente e teria dificuldades para bancar uma escola particular. E considerando a situação "Dom Carlos aconselhou as irmãs a materem contato mais próximo com os moradores e a não desanimar diante das dificuldades" (Pedron, 2022, p. 33). Depois de avaliarem a realidade local, "as Irmãs entenderam que seria viável um colégio administrado por elas" (Lazier, 1982, s/p).

A fotografia a seguir, registra o encontro das Irmãs Escolares Ricaldis Haberl e Iluminata Singer com Dom Carlos Saboia Bandeira, da Ordem dos Frades Menores da Província da Imaculada Conceição do Brasil, bispo da Prelazia de Palmas no Sudoeste do Paraná, junto com Frei Deodato, no início de 1952. As demais pessoas presentes na foto, possivelmente eram os membros da comissão que ficaram responsáveis para viabilizar a construção da casa para abrigar as Irmãs Escolares na Vila Marrecas/Francisco Beltrão.

Imagem 7. Encontro das Irmãs Escolares com o Bispo Dom Carlos Eduardo em 1952.

Fonte: Instituto Nossa Senhora da Glória. Álbum Histórico.

---

a escola Municipal Crescencio Martins, criada pelo município de Clevelândia, que funcionou provisoriamente anexa a primeira capela da Vila Marrecas, sendo depois transferida para um prédio de madeira, nas proximidades do atual Colégio Suplicy.

A cheda das Irmãs na cidade gerou uma série de ações da comunidade, para viabilizar um espaço para moradia e escola. De início se pensaram em utilizar a sacristia da igreja como cas e escola, mas o espaço não era adequado. A alternativa encontrada, conforme indicada na crônica foi a seguinte: "A comissão propôs a contrução de um grande salão de 20 x 11m², para reuniões que, provisoriamente poderia servir de escola e residência das Irmãs. Deveria ser um tipo pré-esccola isto é pré-colégio ate surgir a construção definitiva" (Crônica – 2, s/d).

Alguns dias depois que chegaram, as Irmãs já iniciaram os trabalhos de catequese e escolares em caráter provisório, em locais alugados ou emprestados pelos membros da comunidade.

Sobre o início das aulas, a crônica registrou o seguinte:

> Ir. Iluminata[44] tinha 5 internas e 108 alunos para cuidar. No dia 15/02 era solene inauguração dos "Colégios" na igreja, longo discurto, todo mundo ansioso das coisas acontecer. As crianças foram em procissão, de mãos postas, os meninos de cabeça descoberta, para a loja desocupada, à rua principal, as crianças acompanhadas por uma única professora, Ir Iluminata. A corajosa Irmã quase ficou com receio nessa hora, mas contornou a situação e "venceu", nos 1ºs cinco dias de aula (Crônica – 2, s/d. Grifos no original).

Como registrado, as aulas do Instituto Nossa Senhora da Glória iniciaram no dia 15 de fevereiro de 1952 com um número de 108 alunos, entre meninos e meninas. Devido às circunstâncias precárias do momento, as Irmãs não tinham ainda uma sede própria. Sobre o início das aulas Pedron destacou:

> A instalação do Instituto Nossa Senhora da Glória aconteceu dia 15 de fevereiro de 1952, com procissão, missa e uma festa comunitária. Estavam matriculados 126[45] alunos no ensino primário e cinco internas. Irmã Iluminata Singer teve de dar conta das turmas nos primeiros dias. Dia 3 de março de 1952, mais uma sala foi aberta, agora no cinema (2022, p. 34)

---

[44] Irmã Maria Iluminata Singer nasceu em 12 de junho de 1904 em Engelsdorf – Alemanha. Em 19 de agosto de 1931 fez os votos de profissão religiosa. Veio ao Brasil como missionária no início dos trabalhos no Estado de São Paulo onde trabalhou por vários anos. Depois foi transferida para Francisco Beltrão para auxiliar nos projetos educacionais da Congregação sendo a primeira professora do Instituto Nossa Senhora da Glória. Faleceu em 21 de junho de 2006 em São Paulo - Brasil.

[45] Há uma divergência sobre o número de alunos entre o que foi registrado na crônica e o o indicado por Pedron. Como Pedron não indicou a fonte fica a dúvida.

Conforme registrado na crônica, nos primeiros dias, Irmã Iluminata atendeu a todos os alunos no espaço da sala comercial cedida pelo senhor Vicente Longo. Nos primeiros dias de aula, Irmã Iluminata estava sozinha, pois a Irmã Ricaldis tinha viajado para São Paulo para buscar mais Irmãs. Nessa viagem aproveitou para passar por Curitiba para solicitar o registro da Escola. Com a chegada de mais Irmãs[46] foi possível dividir as turmas em 1º, 2º, e 3º ano, tendo como novo espaço de sala de aula, o cinema da cidade. Não encontramos registros se havia ou não divisão por sexo na sala de aula, muito provavelmente, tanto os meninos, quanto as meninas estudavam na mesma sala.

Pela fotografia seguinte, podemos visualizar a antiga casa de comércio do Sr. Vicente Longo com muitas crianças, familiares e autoridades da cidade, para participar da solenidade da aula inaugural do Instituto Nossa Senhora da Glória. Segundo o livro das Crônicas, Irmã Maria Iluminata Singer, a primeira professora do Instituto acompanhou as crianças em procissão até o local da aula inaugural.

Imagem 8. Casa comercial do Sr. Vicente Longo que serviu de escola em 1952.

Fonte: Instituto Nossa Senhora da Glória. Álbum Histórico.

---

[46] Uma das Irmãs que chegou no final de fevereiro, foi a Dagmar. Conforme indicado na crônica, Ir. Dagmar não se adaptou em Francisco Beltrão. Ela era filha única e muito próxima da mãe em SP. Ficou deprimida, doente. Seu "slogan era aqui não posso ficar" (Crônica – 2, s/d).

Sobre as instalações escolares da época Lazier afirmou:

> Após o 5º dia de aulas na loja do Sr. Vicente Longo, uma parte dos alunos mudou para o Cinema, pertencente a Arthur Nacker. As aulas no cinema, também não eram fáceis principalmente no inverno. Com as janelas abertas as crianças tremiam de frio. Fechando as janelas ficava escuro, pois não havia iluminação pública (1982 s/p).[47]

Com o remanejamento de uma parte das crianças da antiga casa de comércio para o Cinema, as turmas ficaram melhores distribuídas. Sobre isso identificamos nas Crônicas, referente as aulas no cinema. "Agora podemos separar nossas crianças e ensiná-las melhor" (Crônica – 2, s/d). Porém, como destacado por Lazier, por falta de iluminação adequada, tanto as Irmãs, quanto os alunos ainda enfrentavam alguns problemas de organização, bem como o típico frio do inverno do Sudoeste do Paraná que era muito intenso.

Imagem 9. Cinema de Francisco Beltrão que serviu de esscola provisória ao Instituto Nossa Senhora da Glória em 1952.

Fonte: Instituto Nossa Senhora da Glória. Álbum Histórico.

---

[47] Lazier ao se referir ao 5º dia não esclareceu a data da mudança de uma parte dos alunos para o Cinema. Já Pedron (2022) indicou que as aulas no cinema tiveram início em 3 de março de 1952.

Como os espaços eram improvisados, dificultava muito o trabalho pedagógico desenvolvido pelas Irmas Escolares. Elas se preocupavam com a qualidade da educação e buscavam organizar melhor as turmas, para melhorar as condições de aprendizagem dos alunos.

A comissão responsável pela instalação do Instituto seguia os trabalhos para acelerar a construção do salão comunitário, para servir de casa das Irmãs e sala de aula. Na crônica, encontramos informações, provavelmente do começo de abril, que a obra do salão estava bem adiantada. Em outra passagem indicou que deveria ficar pronta até 15 de maio, mas a obra atrasou e só ficou pronta em 15 de agosto. Mesmo com atraso, a obra ficou pronta e passou as servir de casa e escola. Com isso, as irmãs puderam organizar melhor a distribuição das turmas, considerando os níveis de aprendizagem das crianças.

Imagem 10. Salão Paroquial, improvisado como sala de aula do Instituto Nossa Senhora da Glória, 1952.

Fonte: Instituto Nossa Senhora da Glória. Álbum Histórico.

A foto parece representar mais uma turma de catequese e nela podemos identifir o Frei Deodato e quatro Irmãs entre os meninos e as meninas. Isso significa que, em 1952, chegou mais irmãs para ajudar nos trabalhos escolares e pastorais.

Nos registros referentes ao início do ano de 1953, as Irmãs atendiam 180 alunos e 12 internas. "Trabalhamos em 3 períodos: das 8-11, 3ª e 4ª s.; das 11ás 2, 2ª s.; 2 às 5 1ªs s." (Crônica – 2, s/d). O dado indicou que as Irmãs já ofertavam as 4 séries do curso primário, e que havia mais de uma turma da 1ª série.

A base legal que organizava as escolas primárias da época era o Decreto-Lei n. 8.529, em nível nacional, conhecido como Lei Orgânica do Ensino Primário, de 2 de janeiro de 1946, o qual estabeleceu que o ensino primário deveria garantir a iniciação ao conhecimento cultural afim de que as crianças fossem conduzidas aos conhecimentos da vida e também as virtudes morais e cívicas, bem como o desenvolvimento da personalidade humana, os conhecimentos úteis na vida da família e preparar as pessoas para o trabalho (Brasil. Decreto Lei nº 8529, de 1946). O Estado do Paraná rapidamente adaptou a legislação expedindo o Decreto-lei nº 435, de 26 de janeiro de 1946, também denominado de Lei Orgânica do Ensino Primário, que regularizou o ensino primário público no Estado.

As ditas Leis Orgânicas estabeleceram duas categorias para o ensino primário: o ensino primário fundamental para crianças de 7 a 12 anos (dividido entre elementar e complementar) e o ensino primário supletivo para adolescentes e adultos. Conforme definido no artigo 7º da lei federal e 9º da lei estadual, no ensino primário elementar se ensinaria os seguintes conteúdos:

> I. Leitura e linguagem oral e escrita. II. Iniciação matemática. III. Geografia e história do Brasil. IV. Conhecimentos gerais aplicados à vida social, à educação para a saúde e ao trabalho. V. Desenho e trabalhos manuais. VI. Canto orfeônico. VII. Educação física (Brasil. Decreto Lei nº 8529 de 1946).

O ensino primário complementar, (artigo 8) que correspondia ao quinto ano, ampliava alguns conhecimentos no currículo, mas praticamente não chegou a ser ofertado na região, antes da Lei n. 4.024, de 1961.

Quanto a organização das escolas, as leis estabeleceram as seguintes classificações: Escola Isolada (E.I), Escolas Reunidas (E. R.), Grupo Escolar (G. E.) e Escola Supletiva (E. S). As EI e ER poderiam ministrar somente o curso primário elementar, os GE poderiam ministrar o curso primário elementar e complementar e as ES, só poderiam ministrar o curso supletivo. As EI eram escolas de um só professor e a sala era multisseriadas, as ER poderiam ter até 3 professores e as salas poderiam ser bisseriadas, os GE deveria ter 4 ou mais professores e as salas deveriam ser seriadas. No GE havia a categoria de diretor, cuja função poderia ser ocupada por um dos professores ou outra pessoa.

Considerando as definições legais, podemos sugerir que no primeiro ano (1952), o Instituto Nossa Senhora da Glória se caracterizou mais como uma ER, mas a partir do ano seguinte já se constituiu num GE.

Sobre o registro legal de funcionamento do Instituto Nossa Senhora da Glória, encontramos que, "obteve oficialmente o registro definitivo sob o n° 280 para funcionar em 10/09/1952" (Paraná. CEMA, Planejamento Prévio, 1973, p. 22).

Segundo Lazier, "o número de alunos crescia anualmente e aconteceu que o salão paroquial ficou pequeno para a realização das aulas, logo as Irmãs perceberam a necessidade de um espaço maior para a escola" (1982, s/p).

Quadro 5 Número de Alunos do Instituto Nossa Senhora da Glória entre 1952 a 1955.

Curso primário	Meninos	Meninas	Total
1952	51	71	122
1953	70	97	167
1954	67	89	156
1955	70	93	163
Jardim de Infância 1954 -1955	-	-	58

Fonte: Crônica – 2, s/d. Dados organizados pelos autores.

A seguir reproduzimos a fotografia da Irmã Iluminata Singer, a primeira professora do Instituot Nossa Senhora da Glória em 1952.

Imagem 11. Irmã Maria Iluminata Singer,

Fonte: Instituto Nossa Senhora da Glória. Álbum Histórico.

Ao fechar este tópico, enfatizamos o processo de expansão do Instituto Nossa Senhora da Glória. A escola que iniciou a sua trajetória de forma improvisada e precária, aos poucos foi se estruturando, com arranjos de espaços, para atender o número de matrículas que crescia ano após ano.

O número expressivo de matrículas não permitia mais continuar com aquele formato de escola em locais improvisados e apertados. Assim surgiu uma proposta para a construção de uma estrutura própria ampla, para acolher melhor as crianças, com o incentivo da CANGO.

2.3 A construção da Instutura do Instituto Nossa Senhora da Glória na CANGO

Frente a necessidade de construir uma estrutura escolar e expandir o trabalho vacacional e educaional, as Irmãs Escolares iniciaram uma campanha para a arrecadar fundos, visando a construção da sede própria, mediante o pedido de doações, fazendo promoções e buscando recursos na Congregação. O objetivo era iniciar a construção do da sede própria na Rua Tenente Camargo ainda em 1953.

A crônica registrou diversos conflitos vividos no ano de 1953 com relação ao trabalho educacional e religioso. Houve confilos com o padre, com os políticos e até com a comissão responsável pela condução do projeto de construção do Instituto. Vejamos uma passagem bem reveladora:

> A respeito do nosso Colégio ele não ajuda, pelo contrário faz confusão entre os membros da comissão, ofende ora um ora outro. E os três homens estão desinteressados pela nossa causa. Um comprou um moinho, outro uma casa nova na cidade em mato. O esperto farmacêutico se enriquece porque há um médico agora no lugar. Ambos querem construir um hospital. O que pode-se esperar para um pobre Colégio? O povo é pobre e os que têm posse são avaros. Está sendo contruindo um prédio estadual para a escola, de material. Assim a nossa esperança está bastante abalada. O nosso terreno de 10.000,00 não está pago ainda. O dono, um rico italiano está zangado conosco e gostaria retirar sua palavra. Não permite que algém se entrometam, dizendo que o terreno não é dele. Ele anda sempre armado com uma grande faca na cintura. Matar o outro é caso comum aqui (Crônica – 2, s/d)

O fragmento reelou uma série de conflitos e preocupações enfrentado pelas Irmãs na busco de apoio e recursos para levar em frente o objetivo da construção da sede própria. Falta de apoio do padre, da comissão, das pessoas de posse. Preocupações com a construção de uma escola pública, ameaças de perder o terreno cedido ainda em 1951. Sem dúvidas foi um momento de basta angústias.

Mas mesmo diante das incertezas, as Irmãs não desanimaram e encontraram apoio em muitas pessoas que se prontificaram a colaborar. Para tanto, começaram a se articular e iniciaram as visitas aos comerciantes para pedir materiais para a construção.

Conforme registrado na Crônica:

> No final do ano surge uma nova possibilidade de construir um Colégio no terreno. Nesta caminhada de pedir material para a construção do colégio no terreno do Faedo, as Irmãs dirigiram-se também ao administrador da CANGO, Colônia dirigida diretamente do Rio de Janeiro. Quando apresentamos o nosso pedido, ele disse: podemos ver com nossos colonos. Mas eu tenho um outro plano, o qual já apresentei ao Ministério no Rio de Janeiro. Este já consentiu. Se as Irmãs constroem seu Colégio nesta Colônia

> Federal, vão receber o terreno, a maior parte do material,
> os cepos, caibros, tábuas, que parecerá uma construção de
> material. Receberão telhas pregos tudo de graça. Nós deve-
> ríamos contratar os carpinteiros e pagar. O administrador
> ia supervisionar a obra e o Colégio ficará pronto dentro de
> um ano, até fevereiro de 1955. (Crônica – 2, s/d).

Como era de se esperar, as Irmãs Escolares foram até o administrador da CANGO, o Sr. Glauco Olinger, para conversar sobre o projeto e ver se conseguiriam alguma doação. Lá foram surpreendidas com uma proposta para a construção de uma grande estrutura na CANGO, que serviria de residência/convento e escola. Tal proposta despertou o interesse das Irmãs Escolares pelo projeto, visto que as condições financeiras da Congregação ainda eram precárias. O administrador propôs às irmãs a doação do terreno, os materiais necessários como pregos, toras e tábuas e outros que seriam usados na construção desde que aceitassem construir na CANGO. Pela proposta, as irmãs pagariam somente a mão de obra. Em troca, os filhos dos colonos da CANGO estudariam gratuitamente na escola.

Segundo informado pelo adminstradoe, a proposta já tinha aprovação pelo Ministério no Rio de Janeiro, ou seja, o Sr. Glauco Olinger soube do interesse das Irmãs em construir sua própria sede e se antecipou, solici-tando autorização do Ministério para fazer uma proposta para as irmãs. Tratava-se de uma proposta irrecusável, naquele momento. Inclusive, o administrador garantiu a data da entrega da obra em fevereiro de 1955.

Qual o interesse da CANGO em ajudar as Irmãs com tantos favores e privilégios oferecidos? O interesse da CANGO seria em oferecer para os filhos dos colonos uma educação de qualidade? Ou seria apenas criar mais atrativos para trazer novos colonos para a região? Como esse não é nosso foco aqui, o aprofundamento dessas questões fica para outro momento.

Sobre as condições da proposta, a Crônica registrou mais o seguinte:

> Frei Deodato foi junto com as Irmãs ter com Dr. Glauco;
> que mostrou o terreno, ao lado da estrada militar, aos pés de
> uma colina, que se vê de longe. Ele Dr. Glauco, cederia para
> as Irmãs 100 x 100 metros. O terreno e a construção tornar-
> -se-iam propriedades das Irmãs. O desagradável neste caso
> é que o terreno fica longe do centro, da Igreja. Quem deve
> decidir, deve vir e ver. Dr. Glauco expôs que no fim do mês
> viriam seus tratores para mover a terra e colocar para a ponte.
> Aí já aproveitaria as máquinas para aplainar o terreno para
> o Colégio e as serrarias poderiam trabalhar exclusivamente

para o Colégio. O pai da Alvina estava entusiasmado, pois assim ficaria livre de pedir, pedir. Ir. Iluminata partiu para S. Paulo, antes da festa de Natal (Crônica – 2, s/d).

Ao receber a proposta de doação da CANGO, as Irmãs não hesitaram e foram conversar com Frei Deodato. Assim que o Frei tomou conhecimento da proposta, acompanhou as religiosas até o administrador da Colônia para se inteirar melhor. A CANGO doaria um terreno com dez (10) mil metros quadrados para a construção de uma casa/escola, que seria de propriedade das Irmãs Escolares. O Sr. Glauco se comprometeu a fazer a terraplanagem, em breve, visto que as máquinas da CANGO viriam para fazer uma obra na ponte sobre o rio Marrecas. A mesma crônica informou que a Irmã Iluminata foi para São Paulo, provavelmente para se aconselhar com a superiora a respeito da considerável doação recebida, da CANGO, para a construção da sede própria.

Sobre os encaminhamentos para a construção da estrutura na CANGO, encontramos na crônica que a irmã Boaventura Gress[48] veio substituir a irmã Iluminata e ficou responsável para coordenar os trabalhos na casa e cuidar da obra. A crônica também registrou as primeiras impressões da irmã Boaventura sobre Francisco Beltrão "Só que me pergunto como podemos escolher um lugar tão distante" (Crônica – 2, s/d). Especificamente sobre a dicisão em relação a ofeta da Cango, irmã Boaventura indicou o seguinte:

> Estou aqui há oito dias. Visitei os dois terrenos para a construção. Aconselhamo-nos com as lideranças, no próprio lugar, apresentando o plano para a construção. Frei Deodato, um outro Pe. Franciscano perfeito, Dr. Rubens, Dr. Walter, Dr. Glauco da Cango optaram pelo terreno na Cango pelos seguintes motivos: doação do terreno, material gratuito, administração durante a construção gratuita e água boa em abundância (Crônica – 2, s/d).

A crônica revelou que as Irmãs Escolares não aceitaram prontamente a proposta da CANGO, tiveram dúvidas sobre a localização do prédio, distante do centro, mas foram convencidas pelas autoridades devido à viabilidade do projeto. A Superiora da Congregação transferiu Irmã Boaventura para Francisco Beltrão para cuidar da construção. Ela foi a articuladora do Instituto com a CANGO, do começo ao fim da obra. Encontramos na crônica o seguinte:

---

[48] Irmã Boaventura Gress, que até então era a Superiora no Externato Imaculada Conceição em São Paulo e segunda assistente Provincial. Ela recebeu o encargo especial para supervisionar a construção da obra que iria abrigar o Instituto Nossa Senhora da Glória em Francisco Beltrão. Irmã Boaventura revelou um talento especial para tal missão. Naturalmente enfrentou grandes desafios, pois não seria possível utilizar dinheiro da Província de São Paulo, que ainda não tinha capital suficiente para garantir a construção da obra.

> No dia 27 de dezembro às 5 horas da tarde, reuniram-se o Frei Deodato, o prefeito e a comissão do colégio e mais alguns homens importantes da comunidade para ser decidido onde deve ser construído o colégio. Resultado: na CANGO. O primeiro terreno adquirido em 1951 e que já tinha valor de 100.000,00 fica para as Irmãs. Não pode ser vendido, O Sr. Faedo concordou (Crônica – 2, s/d).

Desta reunião, ficou acertado que o Instituto seria construído na CANGO por entenderem que as condições financeiras eram mais favoráveis. Mas, pelo que aparentou nos relatos, as irmãs foram convencidas a aceitar o projeto da CANGO, todavia, conseguiram garantir, para o Instituto, a propriedade do terreno da Rua Tenente Camargo acertado em 1951. O Sr. Faedo que foi quem vendeu a maioria dos lotes concordou. Assim, com todo o suporte recebido, inclusive o acompanhamento da obra pelo administrador, a Irmã Boaventura passou a tomar as decisões necessárias para iniciar a construção do Instituto no terreno cedido pela CANGO.

De acordo com a Crônica referente ao ano de 1953:

> Foi pedido ao administrador da CITLA - uma organização que vendia terras - que fizesse a escrituração do terreno como doação às Irmãs. Frei Deodato elaborou um requerimento ao governador como subvenção de 200.000,00 para o próximo ano. Dr. Rubens levou para Curitiba. A planta foi discutida com o Dr. Glauco, Dr. Rubens e Frei Deodato. Dr. Glauco iria executar a obra iniciando já em janeiro de 1954. A colocação do terreno é ótima e a floresta será derrubada só até quanto é necessário. O resto fica como parque. A água vem de uma fonte do mato, já está sendo conduzida em canos e está à disposição do Colégio. A Cango fornecerá o material da construção. Dr. Glauco administrará a obra em entendimento com a Irmã Boaventura. Assim as Irmãs têm a palavra decisiva. Se for da vontade de Deus, a obra surgirá. No final do ano foram para São Paulo 5 juvenistas, juntamente com as que estavam lá. Por tudo o que passou, que vivemos em 1953, o nosso OBRIGADO A DEUS e um louvado seja JESUS CRISTO, cheio de confiança (Crônica – 2, s/d).

O texto da crônica revelou que o primeiro passo foi a obtenção da Escritura solicitada à CITLA. A crônica também registrou a ação política do Frei Deodato ao escrever um requerimento solicitando ao governador verbas para a obra. Na oportunidade fez o pedido de 200.000, 00 (duzentos mil cruzeiros), que deveria ser liberado no ano de 1954, para auxiliar na construção do Instituto na CANGO. O pedido do padre foi atendido, conforme indicado na lei 1.363, de 26 de outubro de 1953.

> A Assembleia Legislativa do Estado do Paraná decretou e eu sanciono a seguinte lei: **Art. 1º.** Fica o Poder Executivo autorizado a abrir um crédito de Cr$ 200.000,00 (duzentos mil cruzeiros), destinado a auxiliar o Instituto Nossa Senhora da Glória, no município de Francisco Beltrão, para construção de sua sede própria. **Art. 2º.** Esta lei entrará em vigor na data de sua publicação, revogadas as disposições em contrário (Paraná. Lei n. 1.363 de 26 de outubro de 1953).

A aprovação da ajuda por parte do Estado evidencia a influência política do Frei Deodato e a forte relação entre Estado e igreja na época. A partir do decreto da Assembleia Legislativa e a sansão do Governador Bento Munhoz da Rocha Neto, as Irmãs receberam uma contrapartida do Estado para colaboração na construção do Instituto. O auxílio, ainda que minimamente, do Estado a uma obra particular beneficiando uma Congregação demonstrou um incentivo ao projeto, aliviando o Estado de investir em escolas para atender a demanda da cidade. A Colônia havia doado o terreno, madeiras, pregos, o Estado 200.000 cruzeiros.

O terreno estava situado em um local privilegiado e estrategicamente seguro por estar bem próximo ao batalhão do Exército Brasileiro. A água era potável, boa parte do material seria fornecida pela CANGO. O senhor Glauco se comprometeu em orientar a Irmã Boaventura, no que fosse necessário. Havia razões para as Irmas Escolares ficarem animadas para o ano de 1954.

As crônicas não eram escritas no calor dos acontecimentos, geralmente era feito um resumo anual ou de tempos em tempos, por isso várias passagens ficam confusas. Isso foi o que provavelmente ocorreu sobre o ano de 1954.

Tudo indica que o administrador da CANGO não conseguiu cumprir o prometido para a construção da obra. Para isso tem uma justificativa histórica, que está ligada a política daquele ano. 1954 foi um ano extremamente tenso na política nacional. O presidente Getúlio Vargas sofreu uma oposição ferrenha, tanto que chegou a tirar sua própria vida em 24 de agosto daquele ano. Possivelmente, os enfrentamentos na política dificultaram toda a administração público, fazendo que os recursos prometidos pelo administrador da CANGO não fossem liberados. O mesmo deve ter acontecido com o dinheiro prometido pelo Estado do Paraná[49]. Tudo indica que durante o ano de 1954, a obra do Instituto não avançou como era esperado.

Segundo a Crônica, no final de 1954, a população de Francisco Beltrão levou um grande susto, fato que acabou gerando grandes prejuízos e retardando ainda mais os projetos do Instituto.

Conforme registrado na Crônica, no final de 1954:

> As irmãs tiveram muito trabalho. Exame final para 15 do curso Primário, 12 adultos do Curso Noturno. No dia 12 de dezembro de manhã tudo estava preparado. Mas aconteceu algo inesperado. Era dia 12 de dezembro de manhã, domingo. A grande Igreja de madeira era lotada até o último lugarzinho, quando aconteceu o inesperado, uma cena horrível. A missa estava no fim, os 27 diplomas para a entrega. Lá fora escureceu o céu, um temporal fortíssimo com vento e chuva desabou ao redor da igreja. Todos estavam contentes por estarem abrigados na igreja. De repente, portas e janelas, as paredes de tábuas, o teto curvou-se toda a igreja se abalou e se inclinou para um dos lados. O pânico apoderou-se de todos. O povo queria sair e não podia, pois, chovia terrivelmente. Telhas voaram para todos os lados. Uns momentos horríveis (Crônica – 2, s/d).

Depois de um final de ano agitado na escola, a crônica registrou um grande susto que abalou toda a cidade. No domingo dia 12 de dezembro, durante a missa matinal, naqual também ocorria a solenidade de formatura de 27 alunos, aconteceu um sinistro que marcou a todos. Formou-se grande temporal que surpreendeu a todos na igreja e fora dela. Pela relatado havia centenas de pessoas na igreja, que não podiam sair, devido a força do vento e que por pouco não foram sucumbidas pelas paredes da igreja que ameaçavam desabar. As pessoas ficaram apavoradas naquela situação, pois por pouco não houve uma tragédia na cidade.

A crônica também registrou outros estragos causados pelo temporal:

> Mas não só a igreja, outros prédios da redondeza como: nosso colégio, o novo hospital do Dr. Walter e do Dr. Rubens, o novo prédio da administração e principalmente a construção de madeira do grupo escolar, quase pronta. Levou um ano

---

[49] Todavia, no ano de 1954, o Estado do Paraná anunciou uma ajuda para o município de Francisco Beltrão, que foi muito importante para o desenvolvimento local. Tratou-se da autorização para abrir um crédito especial de Cr$ 2.000.000,00 (dois milhões de cruzeiros), destinado à Prefeitura de Francisco Beltrão, para instalação de Luz e Força na cidade de Francisco Beltrão, pela Lei n. 1722, de 14 de janeiro de 1954.

até consertar os danos sofridos naquela hora sinistra. [...].
Os telhados de todas as casas foram danificados, uns mais
outros menos. Casas frágeis foram deslocadas. Houve grandes
prejuízos materiais o médico estava muito grato a Deus que
ninguém foi machucado (Crônica – 2, s/d).

Além do susto na igreja, constatou-se que muitos edifícios foram
danificados como o Hospital, a Prefeitura Municipal, as Casas Comerciais,
o grupo escolar[50] que já estava quase pronto, bem como muitas outras resi-
dências na cidade, ou seja, o temporal causou prejuízo em diversos pontos
da cidade. A respeito do temporal ocorrido, não foi registrado nenhum
óbito, mas os estragos foram grandes, pois os reparos demoraram até um
ano para que tudo ficasse concertado em diversos pontos da cidade.

Quanto a casa onde moravam foi registrado o seguinte:

No Colégio[51] somente Irmã Sarolta e Ester estiveram em
casa. O vento arrancou telhas, abriu portas e janelas. Logo
apareceram homens dispostos para ajudar a arrumar umas
coisas provisoriamente para a noite, depois consertaram
todo o telhado. Terminou mais um ano. A nossa esperança
de iniciar as aulas no colégio novo se desfez. Vimos que vai
demorar mais um ano. Louvado seja Cristo na Alegria e no
sofrimento (Crônica – 2, s/d).

Na casa/escola (residência provisória das irmãs) tão logo que os
vizinhos perceberam os estragos no edifício, já vieram em socorro para
consertar, provisoriamente, para que as Irmãs pudessem passar a noite em
segurança, concluindo os reparos no telhado nos dias seguintes.

Conforme registrado, o ano de 1954 terminou e as Irmãs não conseguiram iniciar as aulas na sede da CANGO, perceberam que iria demorar
bem mais do que o prometido, que precisam dedicar muito tabalhoa ainda
para ver o sonho realizado

---

[50] Tratava-se do novo prádio da escola Crescêncio Martins. A obra só foi inaugurada no início de 1956, recebndo
o nome de Grupo Escolar Dr. Eduardo Virmod Suplicy, em homenagem ao primeiro administrador da CANGO,
que havia morrido no início de 1955.

[51] No fragmento apareceu a denominação de colégio o local onde as Irmãs Escolares estavam instaladas, mas
onde era esse local? Conforme Gagliotto, "eu acredito que pelo o que eu lembro, ficava onde hoje se encontra
pavilhão da Igreja Concatedral Nossa Senhora da Glória. Nós sabíamos que as freiras moravam ali. Agora não
lembro se elas lecionavam também ali, mas acredito que sim" (2015). Quanto ao tempo que permaneceram naquele
local, Gagliotto, afirmou: "Pois é agora fica um pouco complicado para ter uma certeza, mas enfim, eu acredito
que funcionou como Escola e moradia acima de 5 anos" (2015). A depoente Elena Gagliotto nasceu no município
de Encantado no Rio Grande do Sul e pertence a uma das famílias pioneiras no município de Francisco Beltrão.
Elena não estudou no Glória. Elena é empresária há mais de 60 anos no ramo de peças para automóveis e gen-
tilmente contribuiu com nossa pesquisa. Entrevista concedida a Moacir Belliato, no dia 8 de dezembro de 2015.

Pelo que foi registrado na Crônica, o ano de 1955 foi de muito trabalho, no que se referiu a construção do Instituto na CANGO.

> No dia 10 de janeiro há uma reunião, na qual será planejado como angariar fundos para a construção. O prefeito Dr. Rubens, o administrador da CANGO Dr. Glauco vão de casa em casa com uma lista. Dr. Rubens assina como primeiro Cr$ 10.000,00 (Obs. Até hoje: 22. 5. 55 não pagou nenhum centavo). A coleta deu 4.500,00 líquido. No dia 30 de janeiro há uma festa no qual são vendidos objetos doados. Resultado: 17.000,00. Tivemos uma sorte especial, choveu durante o mês de janeiro, menos no dia 30. [...]. No mês de fevereiro prepara-se ainda mais o terreno, são feitas covas fundas para 420 grandes troncos que são fixados na terra e que deverão sustentar toda a construção. (Crônica – 2, s/d).

No fragmento apareceu vários acontecimentos importantes já no início do ano. A redação da crônica indica ações futuras, mas nos leva a crer que foi escria em 22 de maio de 1955. A crônica registrou uma reunião cujo assunto central foi tratar da mobilização para arrecadar fundos em prol da construção do Colégio. Esses fundos seriam para as irmãs pagarem a mão de obra, e vários outros materiais, pois a CANGO não cumpriu com a promessa de doar todo o material que fosse necessário. Os membros da comissão assumiram o compromisso de passar nas casas pedindo doações. O prefeito e o administrador da Colônia, por serem as principais autoridades se comprometeram em doar e pedir doação. As Irmãs registraram que o prefeito assinou a lista doando 10.000,00 cruzeiros, mas até "22/05/55, não havia pago nenhum centavo". Conforme pode ser verificado no documento (Anexo B), aqueles que pagaram, aparece a sigla pg. A coleta feita entre as famílias rendeu 4.500,00 cruzeiros, naquela campanha. Algumas pessoas da comunidade se comprometeram em ajudar mensalmente para a construção da escola. O Dr. Walter foi uma dessas, fazendo a doação mensal de 1.000,00 (mil cruzeiros). (Crônica – 2, s/d).

Outro registro foi de uma festa realizada em 30 de janeiro, quando foram vendidos objetos doados pelas famílias e empresas da época. A festa foi um sucesso, pois naquele dia fex tempo bom, depois de vários dias chuvosos. A venda dos objetos rendeu 17.000,00 (dezessete mil cruzeiros). No mês de fevereiro, os funcionários da CANGO continuaram com a terra planagem e começaram a preparar a fundação, com a fixação de 420 cepos de madeira.

A construção da sede própria na CANGO era o centro das preocupações das Irmãs Escolares em 1955, mas apesar das dificuldades havia sinais que o projeto da Congregação estava caminhando. Como ficou registrado na Crônica:

> As Irmãs continuaram cuidando, lutando, correndo, rezando para que a obra possa crescer. De 14 a 15 de março, Ir. Recaldis esteve em Marrecas[52]. Ela foi testemunha do aperto das Irmãs. Irmã Recaldis veio de São Paulo com o reforço da Irmã Auxiliadora que recém tinha deixado o noviciado. As Irmãs queriam surpreender a Madre com uma alegria especial: apresentaram para ela 12 vocacionadas, que cumprimentaram. No dia seguinte ambas, Irmãs Recaldis e Irmã Boaventura foram ver a construção e constataram que já foi feito muito. [...] Irmã Boaventura conta: Fim de março consegui mais 50.000,00 após vencer muitos obstáculos (Crônica – 2, s/d).

Nessa passagem fica evidente que o projeto educacional estava avançando, pois indica a vinda de mais uma religiosa para auxiliar nos trabalhos. Mas o que mais se destaca foi a indicação da quantidade de meninas que estavam que haviam entrado na casa como vocacionadas, ou seja, era um indicativo real de fortalecimento da Congregação, consolidando assim, um dos objetivos da vinda para o Sul. Com ingresso de brasileiras, a instituição ganhava uma identidade própria de religiosas brasileiras, uma vez que a Alemanha não estava enviando mais missionárias.

A crônica também destacou que Irmã Ricaldis e Irmã Boaventura estavam satisfeitas com os encaminhamentos da obra. Destacou também que Irmã Boaventura tinha conseguido juntar mais 50.000,00 até o final de março de 1955.

Conforme indicado na crônica, Irmã Boaventura, conseguiu uma carona no avião do governador para Curitiba no dia 25 de abril e, de lá partiu para São Paulo e com a missão de encomenda todo o material para encanamento de água, e para instalações elétricas (Crônica – 2, s/d).

Pelo que podemos extrair da crônica, Irmã Boaventura, na viagem para São Paulo, buscou apoio financeiro na sede da Província. Como ficou registrado: "Não tendo dinheiro suficiente apelou para o caixa da Província e na volta comprou as 22.000 telhas perto de União da Vitória conseguindo o transporte gratuito" (Crônica – 2, s/d).

---

[52] Um fato que chama a atenção nas crônicas era a persistência em se referir a Francisco Beltrão, como Marrecas, mesmo depois de já se fazer vários anos da emancipação.

A crônica registrou mais alguns dos imprevistos no processo de construção e nas das condições dos trabalhadores, especialmente pela falta de recursos para bancar a obra.

> O Sr. Otto Metzler, o mestre de obra, um alemão de Baden, trabalha incansavelmente com seus filhos. Ainda tem diversos filhos pequenos, 3 deles estão em nossa escola. Sua casa é uma pobre barraca. Já faz tempo que queria e devia construir moradia melhor, mas o tempo e o dinheiro não o permitem. Ele é pobre. [...]. Como pode viver ele e seus operários? Dr. Glauco fornece-lhe alimento. Sr. Otto continua a trabalhar sem se mostrar aborrecido e espera ansiosamente o auxílio prometido pelo Estado (Crônica – 2, s/d).

O fragmento exaltou o compromisso que o Sr. Otto Metzler, carpinteiro responsável pela obra tinha com seu trabalho. Mesmo com dificuldades para receber o pagamento não se entregou para o cansaço e o desânimo. Mesmo morando em um barraco não desanimava com as incertezas do trabalho, pois tinha muitos filhos que precisavam de uma boa.

A situação dos trabalhadores, parece que foi amenizada no final de setembro de 1955. Conforme registrado na Crônica:

> Em 24.09.55 Ir. Boaventura está em Porto União: pede com urgência que S. Paulo envie os estatutos da sociedade Brasileira, pois não consegue retirar os Cr$ 100.000,00 sem esse documento. Trabalham 11 homens na construção, 2 pintores e 2 pedreiros. Eles querem receber dinheiro. Nós precisamos da colaboração de muitos operários para que a construção fique pronta até 2 de fevereiro de 1956 (Crônica – 2, s/d).

Os 11 funcionários da construção precisavam receber para o sustento de seus familiares. Por causa disso, Irmã Boaventura foi a Porto União/União da Vitória tentar receber 100.000,00[53] cruzeiros. O banco exigiu os estatutos da congregação para provar autenticidade da instituição, para resgatar o dinheiro e quitar as dívidas da obra. Provavelmente esses 100 mil fosse a primeira parcela destinada pelo governo do Estado para ajudar na construção da obra, visto que até então não tinha sido mencionado o recebimento daquela doação. O que gera dúvidas foi o fato de a Irmã ter

---

[53] Estamos nos referindo ao requerimento feito por Frei Deodato de 200.000,00 (duzentos mil cruzeiros) conforme uma crônica já citada que se transformou na Lei 1.363 de 26 de outubro de 1953. Parece-nos que esta verba não veio tudo de uma só vez. Talvez por isso que apareceu na crônica um valor de 100.000,00, provavelmente a primeira parcela. Para esse tipo de pagamento havia toda uma burocracia, como a comprovação via estatuto da Instituição para poder sacar o valor depositado.

que ir para União da Vitória para receber. Será que na época não havia, em nenhuma das cidades do Sudoeste, agência bancária ou postos de coletoria do Estado habilitada para fazer esse tipo de pagamento? Ou será que Irmã Boaventura preferiu ir a União da Vitória para aproveitar a ocasião e comprar materiais faltantes para a construção?

Segundo mencionado na crônica, as chuvas prolongadas dos meses de maio e junho atrasaram os trabalhos, mas no mês de outubro a construção avançou, pois, além da ajuda do clima, os recursos do Estado haviam chegado. (Crônica – 2, s/d).

Um registro da crônica, provavelmente do final de 1955, nos chamou muito a atenção, tratava-se da nomeação de uma das religiosas comoo servidora pública.

> Hoje o Sr. Cella trouxe a notícia da nomeação estadual como professora da Ir. Lúcia para o Instituto Nossa Senhora da Glória, recebendo o ordenado de 1.500,00. Isso significa um grande favor; era única nomeação concedida em Marrecas. Agradecemos a Deus por mais isso. O novo grupo escolar não funcionará ainda este ano. Nós temos um bom número de alunos - 220, 3 internas e mais 2 para vir (Crônica – 2, s/d).

Nossa atenção na nomeação, não recaiu sobre a nomeação em si, visto que, as irmãs certamente eram as mais qualificadas para o exercício da docência naquela época. O fato intrigante diz respeito a nomeação da Irmã Lúcia para trabalhar no próprio instituto. Se a nomeação fosse para trabalhar na escola pública que fincionava na cidade, não havia qualquer questionamento, mas o Estado nomear professores para trabalhar em escolas particulares não era uma prática comum. Isso evidencia a forte relação que as Irmãs escolares tinham com a política local. Fica a impressão de que para o Estado era mais viável fazer um investimento em uma instituição particular do que oferecer mão de obra qualificada para a escola pública, deixando de cumprir com suas obrigações na área educacional.

A nomeação da Irmã Lucia pelo Estado aliviou um pouco a situação financeira da casa, diante das difículdades que as Irmãs estavam passando por conta da construção da obra na CANGO.

Apesar de todo o esforço, não foi possível inaugurar o Institto até o final de 1955, como pretendio. Em dezembro de 1955, segundo a Crônica, apareceu outro motivo para que a obra fosse concluída o quanto antes.

> A comissão da igreja precisou do espaço do colégio[54] provisório. As Irmãs ficaram lá como inquilinas. Exigiu-se das Irmãs além dos outros trabalhos, a limpeza da igreja junto com as meninas. As Irmãs tiveram que cozinhar para os padres e as visitas. Mas tudo passou com a graça de Deus (Crônica – 2, s/d).

A comunidade católica ligada a Capela Nossa Senhora da Glória, cedeu seu salão para funcionar como moradia das Irmãs e como casa escolar por alguns anos. A crônica não especifica qual a razão da solicitação do salão, todavia, essa data coinicidiu com a criação da paróquia de Francisco Beltrão, no final de 1955.[55] Na condição de Paróquia, a responsabilidade sobre a formação religiosa aumentou, necessitando fazer encontros de formação pastoral com mais frequência, sendo muitos deles de caráter regional, por isso passaram a necessitar mais espaços no salão paroquial.

A crônica permite interpretar que as irmãs, como contrapartida pelo aluguel do salão paroquial, além do trabalho na catequese, formação de lideranças, também deveriam fazer a limpeza da Igreja e cuidariam da cozinha da casa paroquial.

Vimos que em 1951 foram ocupados três locais que serviram como salas de aulas improvisados, sendo eles a casa de comércio do Sr. Vicente Longo, o Cinema e o salão da comunidade católica. No final de 1955, a crônica registrou o uso do salão comunitário, não mencionado se as aulas ainda funcionavam na casa de coméricio e no cinema. Pelos registros das crônicas e depoimentos colhidos, não é possível afirmar se os três espaços foram usados ao mesmo tempo como sala de aula entre 1951 e 1955. Os registros indicam que as Irmãs atendiam aproximadamente 220 crianças em 1955, portanto, precisavam de um amplo espaço para abrigar várias turmas, mas fica a dúvida se os mesmos lacais continuaram a ser usados, se foi necessário encontrar novos espaços etc. O fato era que as Irmãs precisavam com urgência concluir a obra na CANGO, para sair do provisorio.

Finalmente chegou 1956 e o Instituto Nossa Senhora da Glória, na CANGO, estava pronto para ser inaugurado. Chegou a hora de planejar a solenidade. Conforme registrado na crônica:

---

[54] Oficialmente o termo colégio corresponde a instituição que oferta o ensino de 2º grau ou médio, o que não era o caso naquele momento. A primeira instituição de nível secundário instalada em Francisco Beltrão foi a Escola Normal Regional Nossa Senhora da Glória, em 1959, que também funcionou no Instituto Nossa Senhora da Gloria e foi administrado pela Irmãs Escolares, como demonstrado mais adinte.

[55] Segundo Pedron (2022), a Capela Nossa Senhora da Glória era subordinada a Paróquia São Pedro Apóstolo até o início de 1956.

No domingo, dia 15 de janeiro, reunião da comissão da Igreja e do Colégio. O assunto foi: A festa religiosa e civil. O programa seria 2 de fevereiro Santa Missa e apresentação do teatro. A grande festa popular pró-colégio era no salão e como sempre na praça da igreja. Ambas as festas exigiram muita preparação. [...]. No dia 2 tudo estava programado. As 20 juvenistas revezaram-se em carregar a linda estátua de Nossa Senhora da Glória, em procissão rumo ao colégio. Adultos e crianças rezam e cantam. Quando chegamos perto do Colégio, toca o sino da torre do colégio (Crônica – 2, s/d).

Finalmente a obra poderia ser inaugurada, as comissões se reuniram na metade de janeiro para organizar os preparativos para a festa, programada para o dia 2 de fevereiro de 1956. A programação contava com a missa em ação de graças e uma procissão da Igreja Nossa Senhora da Glória até o Instituto. A crônica confirmou que havia 20 juvenistas[56] envolvidas nos preparativos mostrando que a região continuava fértil em vocações. Durante o trajeto processional, as juvenistas alternavam-se entre si o traslado do andor com a imagem de Nossa Senhora da Glória. Conforme registrado na Crônica foi uma festa de grande participação popular:

Na fotografia que segue, podemos visualizar o Instituto Nossa Senhora da Glória na CANGO, na Avenida General Osório em 1956.

Imagem 12. Inauguração do Instituto Nossa Senhora da Glória – CANGO - 2 de fevereiro de 1956.

Fonte: Instituto Nossa Senhora da Glória. Álbum Histórico.

---

[56] Juvenistas: candidatas em fase de preparação para a Vida Religiosa.

A fotografia evidencia que se tratava de uma construção em madeira com 3 estruturas com várias janelas. Ao centro, a escadaria de acesso e a torre da capela. Sem dúvidas tratava-se de uma grande estrutura educacional, resultado da parceria entre as irmãs, a comunidade, o empresariado e as esferas públicas municipal, estadua e federal.

Imagem 13. Chegada da Procissão no dia da Inauguração em 02 de fevereiro de 1956.

Fonte: Instituto Nossa Senhora da Glória. Álbum Histórico.

A fotografia acima registrou o momento da chegada da procissão, contando com a presença de alunos e alunas, populares e várias religiosas. Na escadaria de acesso, podemos visualizar as juvenistas em duas filas abrindo passagem para a entrada do andor com a Imagem de Nossa Senhora da Glória, padroeira do Instituto e do município.

Após a inauguração era a hora de fazer a mudança. Conforme indicano na crônica, a nova casa troxe muitas alegrias, mas também preocupações:

> Nos dias 3 e 4 de fevereiro, realiza-se a mudança do velho para o novo colégio por meio de viagens de caminhão. De sábado para domingo dormimos pela primeira vez no palácio. Diante de tudo isso, os pais têm seu receio. O grupo escolar recém-construído, de alvenaria fica bem mais perto, não

> se paga nada[57] [...]. Vieram mais alunos do que esperávamos 180 externas e 25 internas, meninos e meninas. Nas semanas seguintes as inscrições continuam. Chegamos 230 externos e 35 internas. Isso significa uma grande alegria para as irmãs, mas também uma boa medida de trabalhos para 5 Irmãs. Durante algum tempo o Colégio é cartão de visita, nos domingos, para amigos, curiosos, querem ver o colégio também por dentro (Crônica – 2, s/d).

No outro dia, as religiosas começaram a desocupar o salão paroquial e se instalaram no novo Instituto, construído no terreno doado pela CANGO. O número de matrículas cresceu e em poucos dias ultrapassou os 260 alunos, sendo muito significativo o número de 35 internas. O que isto significava? Significava que as Irmãs Escolares tinham uma alta credibilidade da população local. O fragmento deixou transparecer que as Irmãs estavam preocupadas com a perca de matrículas com a mudança para a CANGO, visto que a escola ficabem bem retirada da aéra central da cidade e a mudança coincidiu com a inauguração do novo prédio do Grupo Escolar. As Irmãs comemoraram o fao de não perder alunos para o Grupo Escolar.

O outro fato que merece destaque era o número de candidatas a vida religiosas. O grande número de internas expressava o valor que as famílias davam para a vida religiosa na época. Era muito comum os pais desejarem que um filho ou filha ingressasse na vida religiosa. Devido as duras condições de vida na époco e os altos custos para proporcionar estudos para os filhos, o convento ou seminário se apresentavam como instituições de baixo custo, que poderiam garantir uma formação de qualidade e uma vida mais digna para seus filhos. Muitas famílias faziam um grande esforço para pagar a contribuição cobrada pelas congregações para receber, cuidar e formar seus filhos ou filhas.

A nova estrutura possibilitou o recebimento de novas meninas, que vinham para resideir na casa para estudar. Então, como residiam com as Irmãs, receberam uma formação diferenciada, voltada para os valores religiosos e vocacionais. Certamente muitas delas acabaram se tornando religiosas ampliando os quadros da congregação.

---

[57] O grupo escolar recém-construído era a Escola Crescêncio Martins, destruída no temporal de 1954, que acabou sendo reconstruída em alvenaria, recebendo o nome de Grupo Escolar Dr. Eduardo Virmond Suplicy.

Outro aspecto destacado foi o fato que o Instituto virou uma espécie de ponto turístico do município, sendo visitado por muitos beltronenses e pessoas que vinham de fora. De fato, se tratava de uma construção exuberante para a época.

Nos chamou a atenção o recorete: "Diante de tudo isso, os pais têm seu receio. O grupo escolar recém-construído, de alvenaria fica bem mais perto, não se paga nada". Essa passagem expressava duas preocupações das Irmãs, com a instalação do Instituto na CANGO. A primeira diz respeito as preocupações dos pais em mandar os filhos para a CANGO, que estava bem retirado do centro e era necessário atravessar o rio Marrecas, portanto, o caminho era bem mais perigos. O segundo dizia respeito ao novo Grupo Escolar, uma obra nova, com várias salas, localizada no centro da cidade, no qual, as crinças poderiam estudar gratuitamente. Sem dúvidas eram duas preocupações consideráveis, que devem ter tirado horas de sono das irmãs naquele contexto de mudança. Felizmente para elas as matículas só cresceram, evidenciando, por um lado o bom trabalho desenvolvido, e pelo outro a precariedade das escolas públicas.

A referência sobre a gratuidade do ensino no Grupo Escolar, na crônica sugeria que no Instituto Nossa Senhora da Glória se pagava mensalidade. Cattelan (2014) mencionou uma "troca de favores" entre CANGO e as Irmãs, quando da ajuda para a construção do Instituto na Colônia, sugerindo que os filhos dos colonos estudariam gratuitamente no Instituto. Essa afirmação sobre a gratuidade do ensino para as crianças da Colônia, também foi indicada por Lazier (1982).

A referência na crônica que sugeria a cobrança de mensalidades, bem como a indicação de gratuidade para os filhos dos colonos indicada por Lazier e Cattelan não puderam ser confirmadas nessa investigação. Tudo indica que nos primeiros 20/25 anos do Instituto havia algum tipo de cobrança, mas também a prática da gratuidade, ou seja, não havia uma cobrança sistemática e nem uma gratuidade generalizada. Essa indefinição se dava devido as relações do Instituto com a esfera pública, como pagamentoo de professores, auxílio nas obras, doações da comunidade. Muitas famílias pagavam as Irmãs com a doação de alguns tipos de alimentos, ou com dias de trabalho.

Embora o Instituto Glória da CANGO tivesse sido inaugurado, isso não significa que a obra estivesse concluída e que não tivesse restado dívidas a pagar. Ou seja, as Irmãs ainda continuavam passando por dificuldades financeiras e precisavam de ajuda do caixa provincial. Sobre isso encontramos os seguintes registros. Na crônica:

> No dia 6/4 voltou Ir. Boaventura com dinheiro da Caixa Provincial. Assim deu para pagar as dívidas mais urgentes. Já estamos no mês de maio e os trabalhos parados chegam ao fim. Já temos para-raios. Os vitrais da capela que vieram de São Paulo, dão à casa o cunho de lugar de respeito. Janelas, portas receberam mais segurança. Porta de vidro à entrada da clausura, condutores para águas de chuva, lavanderia, rouparia, tudo está pronto. Em breve virá luz elétrica os postes já estão sendo colocados (Crônica – 2, s/d).

O fragmento indicou que Irmã Boaventura se ausentou da comunidade, por algum tempo para buscar recursos junto a sede da congregação, em São Paulo, para poder quitar as pendências da obra e fazer os ajustes finais, como a instalação dos vidros na capela, vitrais, portas, equipamentos de segurança, calhas de água etc. Tudo estava preparado para a chegada da energia elétrica e trazer mais conforto e praticidade para o trabalho cotidiano.

A crônica registrou um conjunto de fatos que estavam ligados a construção da sede própria, por isso, as anotações explicitaram mais o trabalho de algumas Irmãs, do que de outras. Nos primeiros anos destacaram-se a atuação das Irmãs Recaldis e Boaventura. A Irmã Maria Alix Bento[58], que foi a diretora do Instituto entre 1952 e 1958, pouco apareceu na crônica. Nas vezes que foi mencionada, geralmente se tratava de fatos da vida cotidiana da cidade, escola ou do trabalho na igreja.

No que se refere ao apoio do poder público ao Instituto Nossa Senhora da Glória, identificamos uma polêmica na Câmara de Vereadores, referentes ao projeto de lei n. 17 de 1961. Conforme registrado, em 9 de abril de 1961, no Legislativo Beltronense:

> Nesta sessão houve uma polêmica em torno do projeto 17/61, para a concessão de auxílio de CR$ 100 mil ao Instituto Nossa Senhora da Glória pertencente às Irmãs Escolares de Nossa Senhora. O vereador Agostinho Michels fez um longo discurso lamentando a atitude da bancada do PTB que se negava a votar favoravelmente ao projeto de auxílio financeiro "a um estabelecimento que tanto contribuiu para a educação das crianças de nosso município". Agostinho fez vários ataques à bancada trabalhista e ao prefeito, dizendo que

---

[58] Maria Alix Bento nasceu no dia 2 de outubro de 1928, na cidade paulista de Pirajuí. Cegou em Francisco Beltrão, muito jovem com pouco mais de 23 anos e assumiu a primeira direção do Instituto Nossa Senhora da Glória. Irmã Alix teve uma relação estreita com Francisco Beltrão, pois mesmo depois de se desligar do colégio, a religiosa nunca deixou de visitar Francisco Beltrão e demonstrar carinho pela população. Falecue no dia 30 de janeiro de 2011, em São Paulo (Jornal de Beltão, 2011).

> ele estava "fazendo política com a administração e gastando dinheiro público com excesso de funcionários e pagando-os regiamente". Euclides Scalco usou a tribuna para reafirmar o que dissera na sessão anterior sobre o projeto em discussão. No tocante aos ataques proferidos ao vereador Pedro Marcon, não os julgou procedentes. Disse que já intercedera ao prefeito para que desse um auxílio àquele estabelecimento, refletido pela nomeação de três irmãs como professoras (Legislativo Beltronense, 2002, p. 46).

O relato narrou um clima tenso na Câmara de Vereadores por conta do indeferimento do projeto de lei n. 17/61, que solicitava uma ajuda financeira ao Instituto Nossa Senhora da Glória. A existência do projeto evidenciava que o Instituto estava com relativos os problemas financeiros no início da década de 1960.

Segundo Pegoraro (2015), o prefeito na época era Walter Pécoits do PTB e o Legislativo Municipal contava com 9 vereadores, sendo dos da UND, 2 do PSD (sendo um deles Augustinho Michels) e 5 do PTBA. Portanto, o prefeito tinha a maioria da no Legislativo. Não ficou claro as razões políticas do embate, pois certamente todos simpatizavam com o trabalho desenvolvido pelo Instituto Glória. Inclusive, com já citamos anteriormente, o senhor Walter Pécoits, que ocupava o cargo de prefeito na época, havia cido um colaborador acíduo do Instituto, fazendo campanhas e doações para a construção do prédio na CANGO.

Os vereadores negaram a doação dos 100 mil, talvez pela indicação feita pelo vereador Euclides Scalco[59] da nomeação de três Irmãs professoras, pelo município. Essa seria uma forma de o município auxiliar o Instituto pagando professoras para ensinar na própria escola. Vimos anteriormente que já havia uma Irmã nomeado pelo Estado, então era plenamente possível que também tivesse professoras Irmãs ou não pagas pelo município trabalhando no Instituto. Mas não cconseguimos confirmar se as nomeações das professoras ocorreram. Todavia, essa é uma questão intrigante que merece uma investigação mais aprofundada: Como que uma instituição confessional/privada poderia ser subsidiada com recursos do município, com o pagamento de seus próprios professores? Ou, se alguma Irmãs eram pagas pelo município ou pelo Estado, como ficava a cobrança de mensalidades?

---

[59] Com a eleição de Walter Pécoits para deputado Estadual em 1962, Euclides Scalco foi eleito prefeito e administrou Francisco Beltrão entre 1963-1964.

Esse episódio da doação de 100 mil ou nomeação de professores, nos permite fazer duas afirmações. 1º evidencia que o Instituto passava por dificuldades para se manter; 2º que havia um número expressivo de alunos que estudavam gratuitamente na instituição, naquele contexto.

As crônicas registrarm em alguns anos o número de alunos que eram atendidos pelo Instituto. Conseguimos reunir os dados dos anos de 1956 a 1962, na nova estrutura da CANGO.

Quadro 6 Alunos do Instituto Nossa Senhora da Glória na CANGO de 1956 a 1962.

Ano	Meninos	Meninas	Total
1956	73	101	174
1957			187
1958	150	215	365
1959			500
1960			450
1961			400
1962			624

Fonte: Crônica – 1, s/p).

O quadro 6 evidencia um número bem expressivo de alunos que frequentavam a instituição. Nesses números estavam incluídos os alunos do Jardim de Infância, do curso Primário e os da Escola Normal Ginasial Nossa Senhora da Glória, que passou a funcionar a partir de 1959.

Ao buscar informações sobre o tempo em que as Irmãs Escolares permaneceram na CANGO, estivemos na Associação de Estudos Orientação e Assistência Rural (ASSESOAR), entidade que ocupou aquele local com a saída das Irmãs. Na ocasião entrevistamos Daniel Meurer[60] um dos associados que fez parte da diretoria da associação, nos primeiros anos. Segundo o depoente:

---

[60] Daniel Meurer é natural de Braço do Norte – SC. Eram 13 irmãos e veio para o Sudoeste com 12 anos de idade vieram para o município de Francisco Beltrão – PR, hoje Cruzeiro do Iguaçu – PR, em 1955. Daniel Meurer é militar do Exército Brasileiro aposentado.

> Então esse terreno aqui como esse moro, o casarão de madeira, acho que foi construído em 1956. As irmãs tinham na verdade um internato. Aí tinha umas 200, 300 moças aqui que vinham estudar e parte viviam internamente, não todas. Era um tipo de um internato e de uma escola. Isso caminhou para 68, 69 foi adquirido isso aqui, 68 se não me engano. Foi adquirido isso aqui das Irmãs. Por quê? Nós estávamos no pós Concílio Vaticano II. O Concílio apontava novos rumos e novas atitudes de ser Igreja. As Irmãs traziam para o internato candidatas para virarem religiosas certo. Abriram este Colégio não mais para viverem aqui fechadas, mas as Irmãs quiseram ir buscar o povo. Sair do Colégio e ir para o meio do povo certo, então houve assim o fechamento desse Colégio. As Irmãs construíram aquele outro que está até hoje aí no centro de Francisco Beltrão (Meurer, 2016).

O depoente confirmou a construção em 1956 e mencionou um número expressivo de alunas. Esse número expressivo era porque no Instituto funcionava a Escola Normal Ginasial. No Instituto havia muitas moças que eram internas, que estavam em formação para a vida religiosa, mas a maioria eram alunas da Escola Normal, que estavam se preparando para serem professoras primárias.

Segundo Meurer (2016), a partir do Concílio, as Religiosas também passaram a se envolver em várias pastorais e movimentos sociais da época, deixando em alguns momentos a vida de clausura[61] para estarem mais próximas às necessidades das comunidades e das pessoas.

No entanto, o fato de as Irmãs Escolares terem vendido o casarão da CANGO para a ASSESOAR, não tem relação direta com as propostas do Concílio, mas sim pelo fato de o edifício localizado, na rua Tenente Camargo, no centro ter ficado pronto, como demonstramos mais a frente.

Toda aquela grande estrutura foi usada pelas Irmãs Escolares por 12 a 14 anos. A data exata de quando a ASSESOAR comprou o prédio do Instituto e se transferiu para a CANGO não pode ser comprovada. O depoente afirmou ter sido entre 1968 ou 1969, contudo na Revista Cambota encontramos a informação de que a sede própria da ASSESOAR se concretizou em 1971. Não encontramos nas Crônicas do Instituto nenhuma referência a respeito de como ocorreu a transação entre as irmãs e a ASSESOAR.

Sebre essa negociação o depoimento de Meurer trouxe uma explicação:

---

[61] Clausura: espaço interno de um convento reservado aos religiosos, de acesso restrito.

> Como elas estavam ligadas a ASSESOAR e entenderam a proposta do Concílio Vaticano II[62], de que a ASSESOAR exatamente estava trilhando este caminho, elas colaboraram e venderam por um preço simbólico, um preço pequeno. Como tinha a DISOP[63] lá na Bélgica, era quem sustentava no que nós precisávamos fazer aqui. Então ela pagou este valor para as Irmãs e nós viemos para cá num espaço adequado, já pelo crescimento que havia no campo, o número de lideranças que precisavam fazer formação, para grupos de jovens, para adultos, para catequistas. Já começam em 1970 os ministros auxiliares das comunidades todos vem se formar aqui. Então as Irmãs passaram para a ASSESOAR assim por causa do Concílio e de uma maneira muito simples quase uma doação (Meurer, 2016).

O relato evidencia que as relações entre os padres Belgas, através da ASSESOAR e as religiosas eram boas. As irmãs reconheciam o trabalho importante que esta entidade vinha desenvolvendo, centrada na formação de lideranças leigas, quanto na assistência técnica aos pequenos agricultores. A DISOP, entidade belga que financiava alguns projetos da ASSESOAR, comprou o Instituto, para servir de casa de formação regional e dar mais qualidade no processo formativo. Meurer (2016) usou a expressão: "venderam por um valor simbólico", justificando o compromisso que as Irmãs tinham com o projeto da ASSESOAR. Como já dito, não encontramos nas crônicas registros sobre as negociações, possivelmente, por isso, o valor da venda tenha sido bem insifignificante, como sustentou Meurer.

Neste tópico, apresentamos o processo da construção do Instituto Nossa Senhora da Glória na CANGO. A seguir trataremos da instalação do jardim de infância, base para a construção da nova estrutura da Rua Tenente Camargo.

---

[62] O Concílio Vaticano II foi convocado no dia 25 de Dezembro de 1961 pelo Papa João XXIII. O mesmo iniciou no dia 11 de outubro de 1962. O Concílio foi realizado em 4 sessões e terminou no dia 8 de dezembro de 1965, já sob o papado de Paulo VI.

[63] DISOP: Desenvolvimento Integral para o Sudoeste do Paraná. Uma organização na Bélgica que financiava alguns projetos da ASSESOAR.

2.4 A instalação do Jardim de Infância e do Curso Primário para Adultos

A Lei Orgânica do Ensino Primário, materializada pelo Decreto-Lei n. 8.529, de 2 de janeiro de 1946, no seu artigo 6º, sugeriu a existência do Jardim de Infância[64], mas não definiu qualquer tipo de regras para essa modalidade de ensino.

A Lei também consolidou o ensino supletivo, no seu artigo 9º. Os adolescentes ou adultos deveriam aprender o seguintte:

> I. Leitura e linguagem oral e escrita, II. Aritmética e geometria, III. Geografia e história do Brasil, IV. Ciências naturais e higiene, V. Noções de direito usual (legislação do trabalho, obrigações da vida civil e militar) e VI. Desenho. *Parágrafo único*. Os alunos do sexo feminino aprenderão, ainda, economia doméstica e puericultura (Brasil, Decreto-Lei nº 8.529, 1946).

Foi com base nas normas vigentes do país que em meados da década de 1950, as Irmãs fundaram o Jardim de Infância e o Curso Primário para adultos em Francisco Beltrão. Conforme registrado na Crônica:

> Em 1954 as aulas tiveram início no dia 16 de fevereiro com 67 meninos e 89 meninas. Em agosto começou a funcionar o Jardim da Infância com 7 meninos e 8 meninas. O curso primário noturno para adultos com 20 alunos dos quais 8[65] receberam diplomas no fim do ano, com os 17 diplomandos do 4º ano (Crônica – 1, s/d)[66].

As aulas no Instituto Nossa Senhora da Glória, como de costume, iniciaram no Salão Paroquial dentro do cronograma anual, isto é, em 16 de fevereiro de 1954. No entanto, o fato novo foi o início do funcionamento da pré-escola, conhecida como Jardim de Infância, a partir do mês de agosto

---

[64] Segundo Conceição (2015), a partir do século XX, aumentou o interesse por parte dos estudiosos da área da educação, em conhecer de uma forma mais aprofundada o período da infância. Conceição estudou as práticas e representações sobre a institucionalização da infância em Francisco Beltrão entre 1980 e 1990, mas não se referiu a experiência do Instituto N. S. da Glória. A pesquisa demonstrou a concepção assistencial e compensatória da década de 1980, na conformação de práticas, incluindo a influência da legislação Brasileira de Assistência.

[65] Essa passagem evidencia uma divergência de números das próprias crônicas. No registro sobre o temporal do final de 1954 foi indicado que estavam se formando 12 alunos que concluíram o curso primário para adultos, junto com 15 do 4º ano do curso primário. Nessa passagem indica que foram 8 alunos adultos, junto com 17 alunos do 4º ano do curso primário.

[66] As crônicas são registros que sintetizam as atividades anuais. Esta crônica corresponde ao período de 1952 a 1962 e se apresenta de forma manuscrita. Está localizada no arquivo do Colégio Nossa Senhora da Glória.

de 1954. A crônica também registrou que houve o curso primário para os adultos, tendo naquele ano 20 alunos, dos quais 8 de formaram junto com os alunos do 4º ano primário.

Aos poucos, a demanda por vagas no Jardim de Infância foram crescendo, em fevereiro de 1955, já eram 43 crianças. Mas onde eram as instalações do Jardim da Infância? Na fotografia abaixo podemos visualizar as crianças, muito provavelmente no sótão[67] do salão paroquial ou do cinema[68] brincando, umas com carrinhos confeccionados em madeira, outras caminhando. Era um ambiente característico daquele contexto.

Imagem 14. Crianças do Jardim de Infância 1955.

Fonte: Instituto Nossa Senhora da Glória. Álbum Histórico.

Ao analisarmos a imagem podemos constatar que as crianças que frequentavam o jardim de infância na época, tinham de quatro anos para mais, ou seja, eram alunos da pré-escola.

Segundo Lazier com a transferência do Instituto Nossa Senhora da Glória para CANGO em 1956, "o Jardim da Infância fracassou, e deixou de funcionar. No ano de 1959 o Jardim de Infância começou a funcionar novamente, no prédio da Rua Tenente Camargo" (1982, s/p).

---

[67] Espaço vazio na armadura do telhado que normalmente serve de depósito (Dicionário Aurélio).

[68] Pela foto do salão da Capela Nossa Senhora da Glória, não aparenta que a construção tinha sótão. Já pela foto do cinema sim, a contrução evidencia a existência de um sotão, por isso, muito provavelmente o Jardim de Infância funcionava lá.

A partir do conjunto de documentos analisados podemos discordar dessa afirmação de Lazier. Com a transferência do Instituto para a CANGO, o Jardim de Infância também foi transferido e passou a funcionar em instalações bem mais apropriadas. Aconteceu, porém, que a mudança de local da escola não agradou a muitos pais, que moravam no centro da cidade, pois a escola ficou distante e, para piorar, as crianças precisavam atravessar a ponte sobre o Rio Marrecas, sendo, portanto, perigoso para as crianças.

Pela análise dos documentos constatar que não houve interrupção na oferta do Jardim de Infância a partir de 1956. Identificamos que o descontentamento de alguns pais sobre a transferência do Jardim da Infância, do centro para a CANGO, fez com que as Irmãs buscassem uma solução para resolver aquela situação. Conforme registrado na crônica:

> Nossos pequenos ficam no centro da cidade. Apesar da grande alegria da povoação sobe o novo colégio, permaneceu a preocupação por causa dos pequenos da Pré-Escola e do Curso Primário. O Caminho era longo, cansativo, e a ponte sobre o rio Marrecas bastante perigosa. Os pais pediram com insistência de construir uma casa de madeira no terreno adquirido primeiro. Irmã Boaventura escreve: Eu pedi a "ADVENIAT"[69] da Alemanha uma ajuda e recebi a importância de 40.000 DM[70]. Assim foram construídas neste terreno salas de aula e acomodação para as Irmãs. Ir. Sarolta ensinava o primeiro ano de manhã e a tarde o Jardim de Infância, que iniciou com 25 crianças, no porão do pavilhão. Durante a semana ela achava um horário para ensinar bordado na sala que estava vazia. Desde os primeiros dias as Irmãs davam aulas de alfabetização para adultos. Um desses alunos era Olívio Bordignon, que tinha 19 anos (Crônica – 2, s/d).

Logo após a transferência do Instituto para a CANGO, iniciou a pressão de alguns pais das crianças pequenas, que moravam mais no centro de Francisco Beltrão, para que as religiosas conseguissem viabilizar um espaço mais central para atender as crinças mais pequenas. Muitos pais achavam difício mandar ou levar os pequeninos até a CANGO. Percebendo que havia uma demanda de alunos, buscaram recursos na Alemanha para

---

[69] ADVENIAT: Trata-se de uma instituição ligada à Igreja Católica Alemã que financia projetos católicos missionários e educacionais em diversos países do mundo.

[70] DM: Deutch Mark. Este era o nome da moeda que circulava na Alemanha antes da criação da zona do Euro em toda Europa, da qual atualmente a Alemanha faz parte.

iniciar a construção de uma estrutura, mesmo que provisória, no terreno da Rua Tenente Camargo. A crônica não indicou precisamente a data, mas tudo indica que a busca por recursos tenha iniciado no ano de 1958.

Irmã Boaventura conseguiu junto a ADVENIAT a importância de 40.000 DM, para a construção de uma casa, com algumas salas para atender as crianças do Jardim de Infância e da 1ª série do curso primário. Enquanto a obra não ficou pronta, o Jardim de Infância funcionava na CANGO, possivelmente, com menos crinças, pois alguns pais resistiam em levar até lá.

Na fotografia podemos visualizar o momento da bênção da pedra fundamental do Jardim da Infância, com a presença das crianças, pais, o Padre Afonso, o Prefeito Ângelo Camilotti, como também o Sr. Pedro Granzotto, à rua Tenente Camargo, em junho de 1959.

Imagem 15. Bênção da Pedra Fundamental do Jardim da Infância 1959.

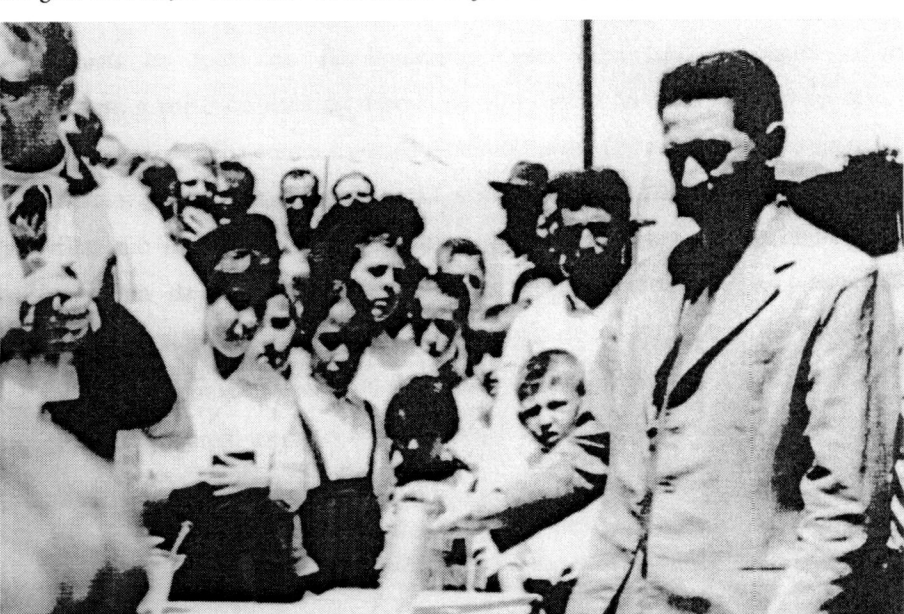

Fonte: Instituto Nossa Senhora da Glória. Álbum Histórico.

Conforme demonstrado foi devido às pressões dos pais das crianças pequenas que a atual estrutura do Instituto Nossa Senhora da Glória começou a ser construída de forma provisória, no final da década de 1950 e de forma definitiva a partir de 1964, como apresentado no próximo tópico.

Com as salas construídas, as Irmãs aproveitavam bem o tempo e o espaço com a alfabetização para os adultos no período noturno. O curso primário funcionou nos anos de 1954 e 1955, na região central, e provavelmente também continuou a ser ofertado na CANGO.

A atenção para o Jardim da Infância foi uma das prioridades do trabalho das Irmãs Escolares, tanto que foi por causa desses alunos que as irmãs começaram a abandonar a estrutura construída na CANGO, e iniciarem a construção da estrutura própria na rua Tenente Camargo.

O Jardim de Infância se consolidou como podemos constatar pelo depoimento de Neto[71]:

> Olha o Glória funcionava no mesmo local onde funciona até hoje. Meus filhos também todos eles passaram por lá no mesmo endereço na esquina da Rua Tenente Camargo com a Avenida Luis Antônio Faedo num belíssimo projeto que está inacabado inclusive até hoje. [...]. Olha eu estudei no Colégio Glória por dez anos de minha vida. Entrei lá com cinco anos de idade no Jardim da Infância. Naquela época quando eu entrei em 1972, o Colégio ofertava o Jardim de Infância e em seguida a Pré-escola. Então eu frequentei no ensino infantil o Jardim de Infância e a Pré-Escola, e posteriormente já ingressei nas aulas que a época chamava-se aulas do primário, da primeira a quarta série, que hoje é identificado como ensino fundamental. [...]. Lembro no Jardim da Infância e no Pré-Primário o material máximo que se tinha era giz de cera e uma vez por semana se tinha acesso a uma folha de papel almaço, às vezes pautado às vezes lisas. Os demais eram brinquedos permanentes como carrinhos, bonecas, pequenas panelinhas coisas dessa natureza. Já havia na época um parque infantil com areia, muito teatro de fantoches. Os professores faziam passeio com as crianças, o lanche comunitário sempre era muito presente e as professoras eram orientadas a nos estimular a compartilhar o lanche da época então tem memórias bastante importantes disso (Neto, 2016).

---

[71] Antônio Cantelmo Neto foi Prefeito de Francisco Beltrão na gestão 2013-2016. Neto estudou 10 anos no Instituto Nossa Senhora da Glória de 1972 a 1982. Iniciou seus estudos no Jardim de Infância e concluiu a oitava série. Entrevista concedida a Moacir da Costa Belliato no dia 2 de agosto de 2016.

Conforme o depoente, materiais pedagógicos utilizados na época eram giz de cera, folha de papel almaço, mas havia uma diversidade de brinquedos que as Irmãs disponibilizavam para meninos e meninas adequados à idade e faziam muitas atividades no parque infantil com areia. Havia, segundo o entrevistado, trabalhos escolares realizados em forma de teatros com fantoches, visando estimular as crianças desde pequenas no compartilhamento de experiências e no exercício da partilha do lanche entre os alunos.

Concluindo este tópico reiterando a importância que o Jardim da Infância teve, desde o início dos trabalhos voltados para a educação infantil, desenvolvido pelas Irmãs Escolares. O deslocamento do Jardim de Infância da CANGO para a rua Tenente Camargo, mais ao centro, aconteceu devido a uma forte reivindicação dos pais que moravam no centro da cidade, como destacado a seguir.

2.5 A construção do Instituto Nossa Senhora da Glória na Área Central de Francisco Beltrão 1964-1969

Como constatado anteriormente, em meados da década de 1950, houve uma importante parceria entre as Irmãs Escolares, a CANGO, os poderes públicos e a comunidade para a construção de uma estrutura educacional, concluída em 1956. Mas, a extinção da CANGO, em 1958 e a crescente demanda dos pais pela a construção de um espaço no centro, para não terem que mandar as crianças para a CANGO, considerado por eles, um itinerário perigoso pela travessia da ponte sobre o Rio Marrecas e pelo crescente tráfego de pessoas, animais e veículos, a construção do Instituto Nossa Senhora da Glória, na Rua Tenente Camargo, tornou-se um novo desafio que precisava ser enfrentado pelas Irmãs.

Vimos que em 1958, as Irmãs conseguiram ajuda da ADVENIAT para construir uma instalação provisória, para atender ao Jardim de Infância e as crianças do 1º ano. Com a entrada em funcionamento, as demandas das famílias das áreas centrais da cidade foram crescendo, com isso as Irmãs Escolares resolveram elaborar um grande projeto para ser construído no terreno da Rua Tenente Camargo, atendendo aos anseios da população da região central da cidade. Assim elas resolveriam, de uma vez por todas, a preocupação dos pais com a distância, bem como desapareceriam as incertezas sobre a estrutura da CANGO. Para tanto, contrataram um engenheiro e elaboraram um grande projeto, que começou a ser construído em 1964.

Imagem 16. Maquete do futuro Instituto Nossa Senhora da Glória na Rua Tenente Camargo, 1964.

Fonte: Instituto Nossa Senhora da Glória. Álbum Histórico.

Podemos visualizar pela imagem da maquete que se tratava de projeto audacioso, que demandaria muitos recursos, trabalho e dedicação. Ao observarmos o projeto original, fica evidente que ele não chegou a ser concluído.

Sobre o início da construção da obra, encontramos o seguinte registro na crônica:

> Em 1964 os trabalhos puderam começar. Os mestres vieram e cada um trabalhou com seu respectivo grupo: para mover a terra, pedreiros, carpinteiros, pessoal especializado para instalações de luz, água etc. Os trabalhos prosseguiram sem empecilhos. Irmãs e operários tornaram-se uma grande família (Crônica – 2, s/d).

Em outra passagem foi trazido mais informações sobre o processo de construção:

> O arquiteto Lepelere[72], a firma construtora do Dr. Nicolau, ARAGUAIA e Ir. Boaventura reuniram-se para planejamento: plantas, orçamento etc. Ir. Boaventura era a responsável pela chegada pontual do material, pelo pagamento dos operários, pelo desenrolar tranquilo de todos os negócios. Uma grande

---

[72] Leperele: O nome completo não conseguimos encontrar. Leperele era o arquiteto que veio de São Paulo para acompanhar o projeto da construção do Instituto na rua Tenente Camargo.

> dificuldade constituía o transporte, por causa das distâncias
> 500, 800, ou 1000 km, em estradas ruins, especialmente em
> época de chuva (Crônica – 2, s/d).

Mais uma vez a responsabilidade pelo acompanhamento da obra recaiu sobre a Irmã Boaventura, que passou a cuidar da compra de materiais e do pagamento dos trabalhadores que executavam a obra. Naquela época, a cidade de Francisco Beltrão não possuía o comércio de materiais de construção bem estruturado, por isso, as irmãs (para poderem comprar mais barato), precisavam viajar para cidades maiores. Com essa prática connseguiam economizar dinheiro, mas perdiam muito tempo, pois, o material demorava muito para ser entregue, devido as condições das estradas.

Devido ao trabalho desenvolvido por mais de uma década, as Irmãs Escolares encaminharam para a Assembleia Legislativa do Estado o pedido de utilidade pública do Instituto. Conforme disposto no artigo 2º, da Lei n. 4.832, de 22 de fevereiro de 1964: "é declarado de utilidade pública o Instituto Nossa Senhora da Glória, com sede em Francisco Beltrão". Isso representou mais um reconhecimento do Estado e da Comunidade ao trabalho desenvolvido pelas Irmãs Escolares em Francisco Beltrão

Com a concessão deste título, o Estado do Paraná reconhecia que o Instituto Nossa Senhora da Glória, não tinha fins lucrativos. Já parao o Instituto, o fato de ser reconhecido como de utilidade pública, facilitava a realização de promoções, campanhas beneficentes em prol das atividades do Instituto, bem como o recebimento de doações e financiamentos do próprio Estado.

A Crônica registrou que apesar das dificuldades, a obra avançou bem, pois houve a união dos envolvidos constituindo uma grande família. Pelo registro, depois de 3 anos o bloco A ficou pronto. Isto ajudou no entusiasmo do dia-dia, uma vez que as aulas continuavam acontecendo na CANGO, até que o novo prédio ficasse pronto.

Sobre a importância da construção da primeira etapa do Instituto, encontramos registrado na crônica o seguinte:

> Em 1967 foi terminado o primeiro bloco. Num jornal de
> ampla circulação em Curitiba, estava escrito: "Francisco
> Beltrão acompanha com orgulho a construção do Instituto
> Nossa Senhora da Glória. Este estabelecimento representa,
> sem dúvida, o mais belo e grandioso Instituto para Escola e
> Educação, em todo o sudoeste do Paraná (Crônica – 2, s/d).

A crônica enfatizou o destaque que a obra do Instituto começava a ocupar no Sudoeste do Paraná. O projeto colocava Francisco Beltrão na vitrine educacional regional, tanto que aos poucos, as elites locais não precisariam mais mandar seus filhos estudarem fora da cidade seus filhos menores de idade.

O processo de expansão do projeto educacional das Irmãs Escolares, para Francisco Beltrão, evidentemente foi sendo reconhecido e apoiado, mas continuou demandando preocupações e mais planejamentos, afim de que as coisas acontecessem da melhor maneira possível. Depois do reconhecimento que a conclusão do primeiro bloco proporcionou, as Irmãs se acorajaram a dar segmento no projeto, visando a contrução de um novo bloco, o bloco C, do projeto original. Sobre isso, identificamos o seguinte registro na crônica:

> Para nós Irmãs, a construção de mais este bloco, significa a continuação da luta, das preocupações, planejamentos, e trabalhos incansáveis com nossos treinados operários da firma do Sr. Nicolau. O ponto nevrálgico foi de novo: De onde virão os recursos financeiros? (Crônica – 2, s/d).

Para garantir a expansão era preciso muitos recursos. Mas devido as condições financeiras da população e, da própria forma como a estrutura educacional das Irmãs Escolares havia sido contruída, uma clara parceria entre os poderes públicos e a comunidade local, não era possível fazer uma cobrança sistemática de mensalidades para levantar os fundos necessários para bancar a contrução. Devido, as condições da população local e das diversas parcerias, um expressivo número de alunos estudava gratuitamente ou pagavam pequenas taxas.

Este era o desafio enfrentado pelas Irmãs, como conseguir os recursos para viabilizar o projeto de expansão? Dado a relevância do projeto e tendo em mente as dificuldades que passaram para construírem o Instituto da CANGO, as irmãs buscaram alternativas. Conforme registrado na crônica:

> Ir. Boaventura achou uma solução, ela preparou todas as plantas e orçamentos cuidadosamente elaborados pelo arquiteto e viajou com este material para a Alemanha. Confiante dirigiu-se à sede da "MISERIOR[73]", em Aachen. A procuradora para trabalhos missionários, Ir. Kunihild Pohnlein acompanhou-a até Aachen. Para ela nenhum caminho era

---

[73] MISERIOR: uma instituição católica alemã que financiava projetos missionários no exterior.

> longo, nenhum sacrifício pesado demais, contanto que podia ajudar. Realmente receberam uma quantia considerável, a saber 350.000 DM; a ser paga em parcelas de 50.000 DM. Aachen exigiu contabilidade rigorosa. Cada nota tinha de ser registrada, assinada, carimbada. Quando atingiu os 50.000 DM nos gastos, foram enviados os comprovantes e vieram outro 50.000 DM até atingir os 350.000 DM. Quantas vezes a Irmã ficara até às 2 da madrugada no seu escritório até que tudo pudesse ser enviado em tempo certo e bem feito. Também as co-irmãs da Baviera ajudaram com campanhas, com a quantia de 64.000 DM (Crônica – 2, s/d).

A crônica registrou a determinação da Irmã Boaventura em buscar alternativas para a obra. A saída foi preparar as plantas, orçamentos e um bom histórico do trabalho desenvolvido em Francisco Beltrão e partir para a Alemanha em busca de recursos para financiar o projeto. Chegando na Alemanha foi para Aachen, onde estava a sede da MISERIOR, uma instituição católica alemã que financiava projetos missionários, ligados a órgãos ou instituições católicas no exterior. Depois de ouvirem a proposta, os responsáveis pela MISERIOR avaliaram o projeto missionário e aprovaram, pois, perceberam que a obra beneficiaria a educação em uma região, que ainda tinha muito a ser feito. A entidade liberou 350.000 DM em 7 parcelas a serem pagas mediante a prestação de contas. A iniciativa da Irmã Boaventura deu muito certo, pois lá ela conseguiu a maior parte dos recursos para a construção do Instituto Nossa Senhora da na área central da cidade.

Conforme descrito na crônica, a MISERIOR era muito rigorosa no controle dos gastos dos recursos doados, por isso impôs a obrigatoriedade da prestação de contas de cada 50.000 DM, que enviava. Somente depois de receber a prestação de contas e ver que estava adequada, liberava outra parcela de 50 mil. Tal exigência impôs um trabalho cuidadoso da Irmã Boaventura, conferindo nota por nota, para comprovar os gastos e enviavam para a Alemanha. Com esses recursos e mais a arrecadação das Irmãs Escolares da Baviera, conseguiram construir o novo bloco.

Na imagem abaixo podemos visualizar os operários iniciando a construção do Bloco C do Instituto. Conforme matéria do Jornal de Beltrão, reproduzindo anotações de Estevo Javoriski[74]: "Construção do prédio N. S.

---

[74] Estevo Javorivski: nasceu em Mallet – PR em 3 de abril de 1921. Estudou em Roma foi padre e professor. Depois deixou o sacerdócio e casou-se com Neuza Paiano. Trabalhou como mestre de obras em várias empresas do seguimento como: a Camargo Correa e dentre outras a Empretec. Trabalhou em várias obras da região como a Catedral de São Miguel do Oeste, a Concatedral de Francisco Beltrão bem como no Instituto Glória na rua Tenente Camargo. Faleceu em 10 de novembro de 2008.

da Glória – Francisco Beltrão. Para ver e crer tamanho da obra, 2ª parte". Para a época era uma obra grande, como indicado no Jornal de Beltrão. "Vista parcial da obra Instituto N. S. da Glória, a maior da América Latina, financiada pelo governo da Alemanha. Francisco Beltrão – PR" (JB, 2014, p. 3 A).

Imagem 17. Bloco C, a segunda etapa da construção do Instituto N. S. da Glória em junho de 1967.

Fonte: Jornal de Beltrão, (2014, p. 3 A).

Chamou-nos a atenção o fato de se destacar como ser "a maior da América Latina"[75]. Outra afirmação que chamou a atenção foi a de que a obra foi financiada pelo governo da Alemanha. As crônicas não se referem ao governo alemão, mas sim entidades civis e religiosas da Alemanha, ligadas a Igreja Católica como financiadoras do projeto. A ADVEIAT e a MISERIOR eram instituições católicas, que finaciaram o projeto das Irmãs Escolares de Francisco Beltrão, mas certamente também finaciaram outros projetos, da mesma congregação em outros locias ou de outras congregações/entidades, ligadas a projetos de evengelização, visando o fortalecimento do catolicismo.

---

[75] A definição pode não ser um exagero, mas precisa ser melhor explicada. Provavelmente a obra do Instituto Nossa Senhora da Glória, em Francisco Beltrão era a maior da América Latina financiada pelas entidades católicas da Alemanha, voltada ao setor educacional. A matéria do Jornal dá margem para entendermos que era a maior obra financiada pelo governo alemão no Brasil América Latina, naquela época. Disso nos discordamos, pois, outras construções muito maiores foram financiadas pelo governo alemão no Brasil e na América Latina na década de 1960.

Para a conclusão do bloco C foi necessário buscar mais recursos na Alemanha. Conforme registrado na Crônica além da MISERIOR, também contribuiu financeiramente para a contrução da obra outra instituição:

> Finalmente contribuiu a organização pró América do Sul; a organização dos católicos da Alemanha - ADVENIAT, com 80.000 DM. Após 2 anos de trabalhos ininterruptos estava pronta a grande obra no ano de 1969. A solene entrega realiza-se no dia através do Cônsul alemão Dr. Roland Zimmerman (Crônica – 2, s/d).

A ADVENIAT já tinha ajudado a Irmãs Escolares na construção da estrutura provisória que abrigou o Jardim de Infância entre 1958 e 59. Novamente foi solicitade para colaborar para o acabamento do bloco C. A instituição colaborou com 80 mil DM, permitindo a conclusão das obras do Instituto Nossa Senhora da Glória, em 1969. Depois de dois anos de ininterruptos trabalhos estava pronta à grandiosa obra, que se tornou uma referência educacional no Sudoeste Paraná. As festividades com a solene entrega da obra concluída contaram com a presença do Cônsul alemão Dr. Roland Zinimerman.

Na fotografia abaixo podemos visualizar o momento da inauguração do Bloco C do Instituto Nossa Senhora da Glória. Da esquerda para a direita, a frente: Cônsul da Alemanha: Ronald Zimmermann, o prefeito municipal: Dr. Denis Schwartz e Irmã Sarolta. Ao fundo, Irmã Albânia, Luiz Fernandes da Folha Sudoeste e Laurentino Risso da Rádio Colméia.

Imagem 18. Inauguração do Bloco C em 1969.

Fonte: Instituto Nossa Senhora da Glória. Álbum Histórico.

A inauguração do bloco C foi mais uma grande conquista da Irmãs, pois a obra permitiu receber mais aspirantes para o ingresso na ordem, bem como bem mais espaço para ampliar a oferta educacional do município. No final de 1970 tivemos a implantação do nível colegial no Cema, com o curso científico, que funcionou por alguns anos na estrutura do Glória.

Na imagem que segue podemos visualizar como era área central da cidade de Francisco Beltrão no início da década de 1970, bem como evidenciar como ficou a estrutura escolar do Instituto Nossa Senhora da Glória, destacado em contorno azul.

Imagem 19 – Visão panorâmica de Francisco Beltrão e do Instituto Nossa Senhora da Glória no início da década de 1970

Fonte: Arquivo pessoal Moacir Belliato. Adaptado com o nome das ruas

Na imagem é possível visualizar as principais ruas de Francisco Beltrão e a grandiosidade da obra do Instituto Glória, considerando as demais obras da cidade.

Certamento a obra foi motivo de muitas alegrias para a comunidade das Irmãs e de Francisco Beltrão. Sobre essa conquista, Irmã Boaventura registrou o seguinte:

Irmã Boaventura escreve no ano 1973, antes de sua partida para a Alemanha: Maria Padroeira do Instituto, abençoa as muitas pessoas que colaboraram na realização desta obra: benfeitores, autoridades, operários, pais e alunos, sacerdotes e professores (Crônica – 2, s/d).

Irmã Boaventura, na sua despedida em 1973, antes de retornar à sua pátria, já com a saúde debilitada, mas realizada em cumprir sua nobre missão, em várias frentes de trabalho, desde o interior de São Paulo até Francisco Beltrão, fez um agradecimento especial a Nossa Senhora da Glória, padroeira do Instituto, em favor de todos, que de uma forma ou de outra, fizeram com que o sonho se tornasse uma realidade. Agradeceu aos benfeitores, autoridades, bem como os operários, pais e alunos. Com certeza madre Boaventura Gress, aquela que chegou de navio no ano de 1937, depois de 36 anos de intensas atividades voltou para a Alemanha, sua terra natal, deixando a todos um exemplo de garra, trabalho, habilidade e determinação.

Na imagem abaixo podemos visualizar Irmã Boaventura Gress de véu e hábito religioso.

Imagem 20. Irmã Boaventura Gress.

Fonte: Instituto Nossa Senhora da Glória. Álbum Histórico.

Neste capítulo, evidenciamos como teve início o trabalho com a educação no município. Vimos também todo processo da construção do Instituto na CANGO com suas dificuldades e desafios e a construção do complexo educacional do Instituto Nossa Senhora da Gloria, na área central da cidade. No terceiro capítulo demonstramos como o Instituto Nossa Senhora da Glória, se tornou um epicentro educacional, abrigando e impulsionando o surgimento de novas escolas na região.

O INSTITUTO NOSSA SENHORA DA GLÓRIA COMO EPICENTRO DE NOVAS ESCOLAS ENTRE 1959 E 1982

Neste capítulo demonstramos como o Instituto Nossa Senhora da Glória se articulou, juntamente com a comunidade e o poder público e se constituiu num elo que impulsionou e influenciou, diretamente na instalação de diversas escolas em Francisco Beltrão e região[76]. O texto demonstra a relevância da presença das Irmãs Escolares de Nossa Senhora, naquele momento histórico, para a formação de crianças, jovens e adultos, bem como na formação de professores.

Além de fontes documentais e bibliográficas, nos servimos de entrevistas, as quais foram essenciais para ajudar na reconstrução de parte da trajetória do Institu Nossa Senhora da Glória, uma vez que muitos dados e informações não seriam possíveis, sem o auxílio da memória dos depoentes, na construção/reconstrução de parte desta história.

3.1 A Criação de Escolas Primárias e Casas das Irmãs fora de Francisco Beltrão

A pouca presenção do Estado, para viabilizar a construção de escolas para os filhos dos migrantes nas vilas e comunidades, fez com que os colonos agissem por conta própria para prover os meios para que seus filhos recebessem educação escolar, ou seja, a construção da escola e o pagamento de um professor para ensinar.

O processo de escolarização em Francisco Beltrão e região se intensificou com a chegada dos colonos vindos do Sul. Como na sua região de origem já havia a difusão da escola, ao chegarem por aqui também buscaram criar as condições mínimos para dar instrução elementar a seus filhos.

---

[76] Uma síntese deste capítulo foi publicada como artigo em periódioco. Cf. Belliato, M. da C., & Castanha, A. P. (2022).

Sbardelotto e Castanha (2018), destacaram o estudo desenvolvido por Ivo Oss Emer (1991), que fez umz rigorosa pesquisa sobre o processo de escolarização no Oeste do Paraná entre as décadas de 1940 e 1960 e identificou algumas modalidades educativas. Conforme Sbardelotto e Castanha, "a região Sudoeste do Paraná foi colonizada na mesma época e pela mesma cultura migrante", por isso, o estudo o estudo de Emer não pode ser ignorado, ou seja, "não há como abordar a história da educação nestas regiões sem antes recorrer à classificação das iniciativas educacionais existentes nas colônias de migrantes que se instalaram no Oeste e Sudoeste do Paraná" (Sbardelotto; Castanha, 2018, p. 203).

Segundo Emer, com o passar do tempo, "as camadas populares perceberam a importância da escolarização a partir do momento em que as forças produtivas exigiam novas relações de produção e a instrução representava as condições de acesso a melhores lugares nessas novas relações" (1991, p. 209).

Como demonstrou o mesmo autor, a primeira forma de instrução para as crianças acontecia sem a instituição escolar, ou seja, era ofertada de forma domiciliar. Nesse caso, o pai a mãe ou um irmão mais velho ensinava os menores da família e até dos próprios vizinhos. De acordo com Emer, uma vez que o Estado era ausente, "simplesmente, algumas crianças reuniam-se numa residência para aprender a ler, escrever e calcular. Os currículos e objetivos eram estabelecidos pelos pais" (1991, p. 214-215).

Uma segunda forma de escolarização identificada por Emer (1991), representou um avanço nesse processo, visto que os colonos começaram a construir as chamadas casas escolares para as crianças da colônia, ou seja, começou a haver um lugar próprio específico, fixo para o ensinamento, que antes não havia. Essa casa escolar, em muitas comunidades também era utilizada como igreja ou vice-versa. Com a finalidade de expandir a capacidade de acolhimento de crianças para a instrução escolar então construíram espaços destinados para a educação. No que se refere ao professor, Emer destacou que ele era escolhido pelos membros da comunidade e recebia algum tipo de ajuda para ensinar as crinças, por isso dele se "era exigida uma melhor qualificação, isto é, deveria ensinar mais que na escolarização domiciliar, a casa escolar deveria funcionar tecnicamente bem" (1991, p. 215).

A modalidade de casa escolar do grupo colonial ou casa escolar comunitária foi a base para a efetivação da outra modalidade muito presente na região Sudoeste do Paraná durante quase todo o século XX. Como denstraram, Emer (1991) e Oliveira e Castanha (2022), houve a passagem da "informalidade à formalidade", com a implantação das casas escolares públicas. Nessa modalidade, o estado (especialmente o município) assumiu o controle das escolas pagando o salário dos professores e outros materiais necessários para o funcionamento das escolas. Legalmente chamada de Escola Isolada, era oficializada pelo poder público, devendo seguir o currículo oficial e fazendo a certificação dos alunos que concluíam o curso. Com o aumento do número de município e dos recursos para o financiamento da educação, tivemos a criação de centenas de escolas isoladas na região, possibilitando o crescimento da profissão de professor e, aos poucos, o reconhecimento pelo seu trabalho de ensinar.

Com o avanço da colonização a formação de núcluos populacionais, começou a ser criado na região a quarta modadalidade de ensino definida pela Lei Orgância do Ensino Primário de 1946, os chamados Grupos Escolares. Este modelo "construído em núcleos e povoamento mais desenvolvidos abrigava uma construção com várias salas, nas quais os alunos eram classificados por séries. No grupo escolar passou a existir a preocupação em passar para a série seguinte" (Emer, 1991, p. 216).[77]

Vimos que a escola criada pelas Irmãs Escolares ao chegarem em Francisco Beltrão iniciou com um número bem expressivo de alunos. Ao que nos pareceu, nos primeiros dias funcionou como escola isolada, multiseriada. Com a locação de novos espaços, passou a ser bisseriada, escola reunida. Com a chegada de mais professoras e a abertura de um terceiro espaço, as turmas passaram a ser seriadas, características do grupo escolar, mas fragmentado em vários espaços. Com a construção da estrutura da CANGO, assumiu todas as características de um grupo escolar. Isso evidencia que a experiência das Irmãs Escolares se configurou como uma forma diferenciada, daquelas indicadas por Emer (1991). Sobre essa experiência aprofundamos um pouco mais no final do tópico.

Com o sucesso da experiência das Irmãs Escolares em Francisco Beltrão, logo chegaram os convites para abrir casas e escolas em outras localidades próximas, como demonstramos nos subtópicos que seguem.

---

[77] Bido (2021) identificou que o 1º grupo Escolar da região Sudoeste foi fundado em Palmas em 1914. Oliveira (2022), evidenciou a construção de um grupo escolar em Pato Branco no início da década de 1940. O primeiro grupo escolar público de Francisco Beltrão foi o Suplicy em 1956.

3.1.1. A Casa Escolar Regina Mundi em Dois Vizinhos

O trabalho desenvolvido pelo Instituto Nossa Senhora da Glória em Francisco Beltrão, despertou o interesse dos moradores da vila de Dois Vizinhos[78], que solicitaram que as Irmãs Escolares abrissem uma casa escolar naquela comunidade em 1959.

Segundo Wernet, o projeto educacional das Irmãs Escolares em Dois Vizinhos desenvolveu-se da seguinte forma:

> Em 1958, as Irmãs Maria Mechthildis e Maria Boaventura, a pedido das autoridades locais, visitaram Dois Vizinhos, município a 50 km distante de Francisco Beltrão. Há tempo haviam formulado pedidos às Irmãs Escolares de Nossa Senhora para ter religiosas que ficassem responsáveis pela escola a ser aberta. Já que as duas Irmãs tiveram boa impressão do local e do povo, acharam conveniente e correto abrirem aí uma filial. O núcleo central de Dois Vizinhos constava de 200 casas, que representavam, aproximadamente, a quinta parte do município todo. As matrículas foram feitas no dia 8 de fevereiro de 1959, sendo 87 o número inicial de matriculados. A comunidade fundadora era constituída pelas Irmãs Maria Boaventura Gress (Superiora), Maria Saluta Perzlmeier, Maria Lúcia Felipe Alves e Maria Clara (Etelvina) Amadio. Mais tarde, estiveram em Dois Vizinhos, entre outras, as Irmãs Maria Berta Schottenheim, Maria Fátima Machado, Maria Sarolta Schmuker, Maria Isabel Marçal e Maria Letícia Almeida Cunha. Em 1962, 300 alunos frequentaram as aulas da Escola Primária Regina Mundi, de Dois Vizinhos, número que não se modificou muito nos anos seguintes. A comunidade religiosa era formada por três ou quatro Irmãs. Às vezes ainda havia candidatas e/ou Professoras leigas (Wernet, 2002, p. 136)

Segundo Wernet, depois de algum tmpo que as Irmãs Escolares haviam recebido o pedido, conseguiram visitar a vila de Dois Vizinhos para ver se seria possível/viável uma escola lá. Ao conhecerem a vila entenderam que era conveniente iniciar um trabalho educacional, visto que havia uma grande demanda. Além de levar em frente o carisma da congregação, era provável que a nova casa trouxesse novas membras para a Ordem.

---

[78] Dois Vizinhos era distrito de Pato Branco, sendo criado pela Lei nº 4254, de 25 de julho de 1960. A instalação definitiva se deu em 28 de novembro de 1961, com a posse do primeiro prefeito eleito.

De imediato, Irmãs conseguiram reunir 87 alunos e iniciar as aulas no dia 8 de fevereiro de 1959. Isso evidencia o desejo e a confiança que a comunidade local depositava nas Irmãs. Pelo visto, Irmã Boaventura, assim que encaminhou a construção da obra provisória, no cenro de Francisco Beltrão, assumiu outra tarefa de ser a Superiora da nova casa/comunidade, que era constituída por mais três Irmãs. Vimos pelos dados apresentados por Wernet, que em 1962, o número de matriculados já somava 300 alunos. Isso evidencia a grande demanda por escola na época. Esses alunos pagavam mensalidades ou estudavam gratuitamente? Como as irmãs se mantinham? Os professores eram pagos pelo Estado, município ou pela comunidade? Não conseguimos dados objetivos para responder satisfatoriamente essas questões, pois, em visita à paróquia de Dois Vizinhos e à escola, não conseguimos documentos com informações da época. Mas, o mais provável era que funcionava mais ou menos como em Francisco Beltrão, ou seja, um tanto pagava e outro não.

Na imagem que segue podemos visualizar as Irmãs Escolares entre os alunos que frequentavam a Escola Primária Regina Mundi[79], de Dois Vizinhos a partir de 1959. O prédio era de propriedade da Paróquia.

Imagem 21. Escola Primária Regina Mundi de Dois Vizinhos, 1959.

Fonte: Wernet, (2002, p. 131).

---

[79] Em uma conversa informal com o professor José Luiz Zanella que trabalhou naquela escola há muitos anos atrás, disse-nos que a Escola Primária Regina Mundi de Dois Vizinhos, depois da saída das Irmãs Escolares, foi administrada pela Congregação das Irmãs Azuis. Estivemos no local buscando levantar informações sobre a Escola a partir de documentos, porém não consegui encontrar registros da época. No mesmo lugar, funciona outra instituição escolar em forma de cooperativa chamada COOPERMUNDI, cujo diretor era um ex-seminarista da Diocese de Palmas e Francisco Beltrão. Conversando com ele, disse-nos que eles possuem documentos só a partir de 1982.

Pela imagem, podemos deduzir que a estrutura física se caracterizava como uma casa, que possivelmente não tenha sido contruída para fins escolares e dificilmente caberia os 300 alunos existentes em 1962. Não conseguimos mais informações sobre a distribuição desses alunos, se foram alocados em outros espaços para servir de salas de aula. Também não encontramos registros sobre o funcionamento da escola entre 1963 e 1968.

Na busca por informações visitamos a Paróquia Santo Antônio de Dois Vizinhos. Lá tivemos acesso ao Livro Tombo e encontramos o seguinte registro:

> No fim do ano de 1969 recebemos também a visita da R. Madre Provincial das Irmãs Escolares de Nossa Senhora, comunicando-nos que o conselho provincial tinha resolvido de retirar as 3 irmãs de Dois Vizinhos ao menos por um ano (entender para sempre). Isto por motivos de falta de religiosas já que a província viu-se reduzida e metade do seu pessoal, devido às desistências e a retirada de muitas irmãs, voltando definitivamente á sua terra natal (Livro Tombo da Paróquia de Dois Vizinhos, 1970).

O fragmento não precisou a data, indicando apenas no final do ano de 1969. Isso significa, que a escola funcionou regularmente até 1969, deixando de funcionar a partir de 1970. A justificativa apresentada pela Madre Provincial foi a falta de religiosas, devido as baixas na congregação pela desistência da vida religiosa e pelo retorno das Irmãs para a terra natal, sendo várias delas para a Alemanha.

Um outro fator também deve ter sido determinante para a saída das Irmãs Escolares de Dois Vizinhos, foi o fato de que a estrutura em que estava a casa/escola, era da comunidade e não de propriedade das irmãs.

3.1.2 A Casa Escolar Nossa Senhora de Fátima em Nova Concórdia

Como afirmado anteriormente, as Irmãs Escolares receberam propostas de outras localidades, com isso, o projeto educacional continuou o seu processo de expansão. Segundo Wernet, em 1959, as Irmãs visitaram a vila de Nova Concórdia e do Jaracatiá, ambas no interior do município de Francisco Beltrão, a época. Conforme indicado pelo autor:

No ano de 1959, a pedido das autoridades locais, as Irmãs Maria Mechthildis, Maria Cailistina e Maria Boaventura visitaram duas outras localidades: Nova Concórdia e Jaracatiá (mais tarde Enéas Marques), que igualmente queriam Irmãs para sua Escola. Nova Concórdia era um lugar pequeno, cuja principal personalidade e líder político era o senhor Vicente Pezenti, um rico fazendeiro, que prometeu construir um Colégio católico até o fim do ano de 1959. Os dois pedidos foram considerados (Wernet, 2002, p. 136).

O trabalho das Irmãs Escolares estava sendo bem avaliado, tanto que receberam outros pedidos para abrir casas escolares. As lideranças da comunidade de Nova Concórdia solicitaram a visita das Irmãs e apresentaram uma proposta. Possivelmente na mesma viagem também visitaram, as Irmãs Maria Mechthildis, Irmã Maria Callistina e Irmã Maria Boaventura também visitaram a vila denominada de Jaracatiá (atual cidade e município de Enéas Marques).

Segundo Wernet, Nova Concórdia era um lugar pequeno, no entanto havia um líder político importante fazendeiro, influente na comunidade, o senhor Vicente Pezenti. Ele resolveu construir uma escola para a comunidade, mas queria que ela fosse dirigida pelas Irmãs. Vicente Pezenti prometeu construir a casa/escola até o final de 1959, todavia, não conseguiu cumprir a promessa, pois a só escola ficou pronta para o início do ano letivo de 1961.

Conforme indicado por Wernet, no dia 12 de fevereiro de 1961, foi celebrada a missa de inauguração da escola em Nova Concórdia, tendo como patrona Nossa Senhora de Fátima. A comunidade acreditava que a construção da Escola com a direção das Irmãs Escolares, representaria um importante avanço na formação escolar e religiosa dos alunos.

Abaixo podemos visualizar o altar com o andor de Nossa Senhora de Fátima e o momento da celebração da missa presidida pelo Padre Afonso. A esquerda se encontrava Madre Mechthildis superiora da comunidade e ao centro, o Sr. Vicente Pezenti sendo homenageado pelo gesto de grandeza, ao presentear a comunidade de Nova Concórdia com a construção da Escola, para atender as crianças.

Imagem 22. Missa Solene para Inauguração da Escola Nossa Senhora de Fátima - Nova Concórdia, 12 de fevereiro de 1961.

Fonte: Wernet, (2002, p. 137).

Abaixo podemos visualizar a Escola Nossa Senhora de Fátima, construída em madeira, no povoado de Nova Concórdia, para receber alunos e alunas da comunidade. O casarão funcionou como Escola e residência das Irmãs Escolares a partir de 1961.

Imagem 23. Visão panorâmica da Escola Nossa Senhora de Fátima - Nova Concórdia 1962.

Fonte: Wernet, (2002, p. 132).

O professor Félix Padilha, que trabalhou na escola Senhora de Fátima em Nova Concórdia, em depoimento afirmou: "a Escola Nossa Senhora de Fátima da Congregação, tudo mantido pelo município, o prédio foi construído pelo velho falecido Pezenti que deu a madeira e eles fizeram a escola, era bonita, grande, com piso de 2 andares" (Padilha, 2015). Félix Padilha destacou as as características da obra, bem como a forma de construção e manutenção. Na crônica só foi mencionado que a casa/escola teve início em 1961.

Ao visitar a comunidade de Nova Concórdia para colher depoimentos sobre o Instituto Glória entrevistamos a senhora Noeli Helena Tomé[80], que foi aluna na escola entre 1964 e 1968. No seu relato detalhous alguns aspectos relevantes sobre a existência daquela instituição. Segundo ela, "nosso curso era à tarde. Como eu era aluna da primeira série, tanto na primeira quanto na segunda série as aulas funcionavam na parte da tarde que era para os menores. A terceira e quarta série estudavam na parte da manhã, pois eram os alunos maiores" (Tomé, 2015).

A falar a respeito da comunidade das Irmãs Escolares, que moraram e trabalharam em Nova Concórdia, destacou: "Eu me lembro da Irmã Iria, da Irmã Mônica e tinha outra Irmã a Irmã Alix. A Irmã Alix não era professora, ela fazia parte do grupo das irmãs" (Tomé, 2015).

Conforme Tomé: "meninos e meninas tanto na primeira série quanto nas outras também até a quarta, estudavam juntas" (TOMÉ, 2015). Sobre o tempo em que as Irmãs trabalharam em Nova Concórdia, a depoente não lembrou exatamente. Segundo ela "Olha eu assim não posso te afirmar, mas eu acho que mais ou menos uns oito anos" (TOMÉ, 2015).

A seguir reproduzimos o certificado de Noeli Tomé, pela ocasião de sua formatura do quarto ano primário, na Escola Nossa Senhora de Fátima, em Nova Concórdia 1968.

---

[80] A Sra. Noeli Helena Tomé, reside na Comunidade de Nova Concórdia desde o começo. Estudou na Escola Nossa Senhora de Fátima de 1964 - 1968. Depois foi Diretora do novo Colégio. É uma pessoa muito atuante na comunidade e nas atividades da Igreja. Entrevista concedida a Moacir da Costa Belliato, em 16 de dezembro de 2015.

Imagem 24. Certificado de conclusão do Ensino Primário de Noeli Tomé de 1968.

Fonte: Acervo Pessoal, Noeli Tomé.

Quanto ao encerramento das atividades da Escola e a saída das irmãs, não conseguimos uma data precisa, mas tudo indica que ela ocorreu também no final de 1969, aproveitando a vinda da Madre Provincial para o Sudoeste, para comunicar a decisão do conselho sobre o fechamento de algumas escolas.

Quanto ao o que aconteceu com a Escola Nossa Senhora de Fátima, após a saída das Irmãs. Félix Padilha afirmou que a escola funcionou como uma espécie de cooperativa escolar por um certo tempo, sendo assumida pelo município posteriormente. Atualmente, funciona no mesmo lugar a Escola Municipal Nossa Senhora de Fátima.

3.1.3 O Educandário São José em Enéas Marques

O projeto educacional das Irmãs Escolares também contemplou a vila de Jaracatiá (a partir de 1964 Enéas Marques), com a fundação do Educandário São José, administrado pelas Irmãs Escolares de Nossa Senhora. Conforme Wernet:

> Jaracatiá era um lugar maior, com uma população mais numerosa e uma Igreja relativamente espaçosa e bonita. Mas a ausência de uma liderança efetiva atrasou a construção da Escola. [...] E um ano mais tarde, no dia 10 de fevereiro de 1962, foi aberta a filial de Jaracatiá (Enéas Marques) sob o nome de Educandário São José. [...]. Não foi muito diferente a situação em Enéas Marques. A Comunidade fundadora era

> constituída pelas Irmãs Maria Iluminata Singer (Superiora), Maria Verônica Bressan e Maria Beatriz Thomé. Mais tarde encontramos aí, temporariamente as Irmãs Maria Clara Amadio, Maria Mônica de Oliveira, Maria Albertina Pecharski, Maria Marcelina Alérico, Maria Celestina Rohling, Maria Amabile Ferron, entre outras (2002, p. 136-137).

Jaracatiá era uma vila bem organizada, onde já havia uma comunidade católica forte, que já havia contruído uma igreja bem espaçosa com um desenho arquitetônico muito bonito que chamava a atenção de todos. No entanto, não havia na comunidade pessoas ricas e dispostas a investir um grande capital para construir uma casa/escola. Segundo Wernet (2002), isto fez com que atrasasse um pouco a construção da Escola. Todavia, a obra entregue um ano depois, 1962, evidencia que houve um grande esforço e envolvimento da comunidade, pois em pouco tempo construíram uma grande estrutura educacional, que serviu de escola e de residência das irmãs, como demonstrado na imagem que segue.

Imagem 25. Vista da Vila de Jaracatiá em 1962.

Fonte: Nurmberg, 2017, p. 55.

Em 1962 foi concluída a Escola da comunidade do Jaracatiá. Uma estrutura enorme que despertava a atenção de quem passava e olhava, mostrando que houve efetivamente a participação da comunidade na construção da obra. Assim, foi inaugurada mais uma casa/escola das Irmãs Escolares, que recebeu o nome de Educandário São José, no início de fevereiro de 1962. Esta escola também esteve sob a responsabilidade das Irmãs Escolares, tanto a direção, como a administração, bem como o projeto pedagógico. Na imagem a baixo podemos visualizar o Educandário São José, que atendeu as demandas da vila do Jaracatiá, que em 1964 se constituiu no município de Enéas Marques, ao emancipar-se de Francisco Beltrão.

Imagem 26 Educandário São José Jaracatiá Enéas Marques, 1962.

Fonte: Wernet, (2002, p. 134).

No período em que as Irmãs administraram a escola, houve uma comunidade permanente que tinha como Superiora a Irmã Iluminata Singer, com mais três religiosas e um grupo de Irmãs que passaram por lá durante um período, para uma espécie de estágio, dentro do processo de formação religiosa.[81] O Educandário São José foi uma instituição importante para aquela comunidade como indica Maria Iracema Radin[82], que foi aluna na Escola entre 1962-1965.

---

[81] Segundo Nurmberg "No mesmo prédio as Irmãs residiam e tinham um aspirantado para formação das jovens à vida religiosa", (2017, p. 139). Para saber mais sobre a escola das Irmãs em Jaracatiá/Enéas Marques, Cf. Nurmberg, (2017).

[82] Iracema Radin nasceu na vila do Jaracatiá em 1955. Estudou no Educandário São José de 1962-1965. A partir de 1966 veio morar em Francisco Beltrão. Nos anos 1966-1967 estudou no Instituto Nossa Senhora da Glória

Em entrevista, a depoente recordou: "estudei Matemática, Português, Geografia, História Ciências. Nós tínhamos também Trabalhos Manuais, era tipo uma educação para o lar. No sábado, nós tínhamos aulas de Bordado e Tricô e educação física" (Radin, 2016). Por se tratar de uma escola administrada por religiosas, além das disciplinas convencionais, ela estudou canto e religião, conforme indicou: "as aulas de cantos eram juntas com as aulas de religião" (Radin, 2016).

Maria Iracema fez todo o curso primário naquela instituição de ensino. Quanto ao número de alunos Radin afirmou: "Não lembro, mas era mais ou menos de 25 a 30 alunos por turma". A depoente recordou com nostalgia os velhos tempos em que vivia na região do Jaracatiá, "eu gostava muito de estudar lá. Gostava mesmo" (Radin, 2016). A entrevistada relatou um pouco sobre o cotidiano das aulas:

> As freiras não tinham DVDs, essas coisas nada, mas elas tinham um cartaz grande tipo um livro enorme que elas colocavam lá na frente iam passando as páginas, as folhas assim para gente ver e iam contando as histórias, as historinhas. Era tão bom aquilo lá. Tínhamos aulas de teatro e a sala para as apresentações. [...]. Era muito bonito e tinha uma gruta também muito bonita que a gente sempre ia lá fazer as orações (Radin, 2016).

A respeito do tempo em que funcionou a escola Radin afirmou:

> Quando funcionou o Educandário São José era particular e pertencia às freiras. Depois elas entregaram. O colégio estava construído onde hoje é a praça central de Enéas. Foi naquele local que funcionou o colégio. [...]. Eu não lembro porque em 68 quero ver. Não sei se foi até 68 ou 69, que daí as freiras entregaram, não lembro porque que foi. Sei que daí funcionou um Ginásio lá era Ginásio Cenecista Manoel Ribas (Radin, 2016).

Quanto à informação da depoente sobre a propriedade do educandário ser das irmãs, é duvidosa, pois não encontramos nenhum documento que comprovasse esta afirmação. Na verdade, era uma escola paroquial ou da comunidade. As escolas paroquiais normalmente eram construídas em terrenos da prelazia e as irmãs administravam. O fechamento do educandário São José também ocorreu no final da década de 1960, e no mesmo prédio, passou a funcionar a escola Cenecista Manoel Ribas, com o curso ginasial.

---

na CANGO. Mora no Bairro Alvorada em Francisco Beltrão. Entrevista concedida a Moacir da Costa Bellieto em 04 de fevereiro de 2016.

Conforme indicado por Wernet:

> As três novas filiais localizadas no Sudoeste do Paraná, Dois Vizinhos (1959), Nova Concórdia (1961), Enéas Marques (Jaracatiá - 1962) – eram Escolas Paroquiais com Curso Primário. A respectiva Paróquia era proprietária dos terrenos e prédios. O pagamento das Irmãs vinha, em parte, do Estado e dos Municípios. Os pais contribuíam, na medida do possível, na manutenção da Escola e das Irmãs. Os três municípios localizavam-se no sudoeste do Paraná: Nova Concórdia, Dois Vizinhos e Enéas Marques, não muito distantes de Francisco Beltrão (2002, p. 135).

Wernet trouxe informações muito relevantes que nos ajudam a entender as razões do fechamento das três casas/escolas das Irmãs Escolares na região de Francisco Beltrão. Todos os fatos nos permitem sustentar que o fechamento das casas de Dois Vizinhos, Enéas Marques e Nova Concórdia ocorreram, quando da visita da Superiora Provincial da Congregação, no final de 1969, deixando de funcionar a partir de 1970. A alegação principal foi a falta de religiosas, que provavelmente tenha ocorrido, mas tudo indica que a razão principal foi a falta de segurança para a manutenção das casas. Como afirmou Wernet, as paróquias eram as proprietárias dos terrenos e prédios e as Irmãs eram pagas por diversas fontes, mas ficavam sempre na dependência dos poderes públicos e da comunidade.

Outro fator que podemos utilizar para justificar a decisão estava relacionado a construção do Instituto Nossa Senhora da Glória em Francisco Beltrão. Como a congregação tinha investido grandes recursos, inclusive contando com o financiamento de entidades alemãs, não tinha como bancar a aquisição das casas/escolas. Também não tinha como justificar para as entidades financiadoras da Alemanha a busca por novos recursos, visto que as casas estavam bem próximas de Francisco Beltrão, não sendo viável, portanto, altos investimentos em nenhuma delas. A estrutura construída em Francisco Beltrão era suficiente para atrair e abrigar as moças aspirantes a vida religiosa da região, bem como atender as demandas das famílias mais abastadas, da região, que quisessem mandar seus filhos estudar em Francisco Beltrão.

Wernet definiu as escolas geridas pelas Irmas em Dois Vizinhos, Enéas Marques e Nova Concórdia, como escolas paroquiais. Podemos concluir que a experiência de Francisco Belrão, entre 1951 e 1955, também tinha essas características.

A partir das experiências aqui analisadas foi possível concluir que na região tivemos uma outra modalidade de escola que não foi definida por Emer (1991), ou seja, se configuram como uma mescla de práticas e organizações educativas que incorporou as formas classificadas por Emer, mas também se diferenciou delas. Para memonstrar isso vamos seguir os argumentos utilizados por Belliato e Castanha (2022, p. 720-21), destacando alguns pontos.

1) as escolas se instalaram mediante o pedido de um determinado grupo social; 2) a construção da estrutura física das escolas contou com o trabalho braçal dos moradores, doações financeiras dos moradores ou a realização de promoções para arrecadação de fundos; 3) com recursos das próprias religiosas ou obtidos por elas de entidades internacionais; 4) com recursos públicos cedidos pelos municípios ou estado; 5) havia várias religiosas contratadas/concursadas pelo Estado ou municípios para trabalharem na própria escola; 6) quanto ao financiamento das instituições, havia uma mistura entre gratuidade, doações e cobrança de mensalidades; uns estudavam gratuitamente, outros doavam mantimentos ou trabalho braçal para a escola ou para as religiosas, já outros pagavam regularmente; 7) as religiosas tinham autonomia para organizavam o projeto pedagógico, definir alguns componentes curriculares e organizar o processo disciplinar; 8) dependendo do tamanho da estrutura física construída, as turmas se organizavam em multisseriadas, bisseriadas ou seriadas, constituindo-se em grupo escolar, ou seja, escola dos colonos/casa escolar pública/escola isolada ou grupo escolar. Resumindo, tais instituições eram uma mescla de comunitárias, paroquiais confessionais/privadas e públicas.

Tais experiências evidenciam que na época: a) havia por parte dos posseiros/colonos um desejo pela escola; b) revelam uma confiança muito expressiva dos moradores nas na educação conduzida por religiosas; c) revelam uma ausência significativa do Estado, seja pela carência de recursos públicos, por falta de servidores ou pela simplesmente pela negligência dos gestores; d) revelam também a fragilidade da legislação educacional e/ou a falta de fiscalização, que permitia um conjunto de irregularidades entre a esfera pública e confessional/privada. Enfim, por haver uma grande demanda por escolas, falta de recursos públicos e fiscalização adequada, fazia-se, como se diz no popular, "vistas grossas" para as irregularidades praticadas.

Depois de destacar esses elementos, fechamos este tópico destacando a importâncias do trabalho desenvolvido pelas Irmãs Escolares para a região de Francisco Beltrão, bem como o grande desejo e esforço das comunidades locais para abri escolas, visando a formação de seus filhos.

3.2 A Instalação da Escola Normal Ginasial e Colegial em Francisco Beltrão[83]

A busca por uma educação de qualidade, fazia parte das preocupações das Irmãs Escolares e das famílias, que deseja um futuro melhor para seus filhos. Para tanto, não podíamos deixar de escrever sobre a Escola Normal, ou seja, sobre as ações desenvolvidas visando a Formação de Professores, naquele contexto de expansão da escola primária na região.

Com a conclusão da obra do Instituto Nossa Senhora da Glória na CANGO, as Irmãs contavam com um espaço amplo que servia de escola e de local para a formação de moças que engressavam no aspirantado ou juvenato, visando o ingresso na vida religiosa.

Frente a necessidade de garantia a formação em nível secundário/ginasil para essas moças e percebendo a falta de profissionais preparados para atuar no ensino primário na região, que estava em expansão, as Irmãs resolver se empenhar diretamente para viabilizar a aberturas de Escolas Normais, voltadas à formação de professores em Francisco Beltrão. Como resultado desse trabalho tivemos a implantação da Escola Normal Ginasial Nossa Senhora Glória em 1959 e a Escola Normal Colegial Regina Mundi, em 1965. Nesse tópico demonstramos alguns aspectos da história dessas instituições.

Todavia, antes de entrarmos diretamente na história das Escolas Normais, precisamos compreender minimamente as bases legais e o contexto que justificou a criação dessas instituições.

No Brasil, a formação de professores na modalidade denominada de Escola Mormal perdurou por mais de 140 anos. Iniciada em 1835, essa modalidade de escola só foi substituída oficialmente no final da década de 1970, com a criação do Curso de Magistério de 2º Grau, instituído pela Lei n. 5692/71.

Até 1946, a política educacional referente a formação de professores cabia a cada estado da federação. Com a promulgação do Decreto-Lei n.

---

[83] Uma versão similar sobre a história das escolas normais de Francisco Beltrão foi publicada na Revista Faz Ciência. (Cf - Belliato e Castanha, 2016).

8.530, conhecido como Lei Orgânica do Ensino Normal, de 2 de janeiro de 1946, a formação de professores seguiu uma padronização nacional, defindo com clareza os tipos e níveis de formação, bem como os tipos e níveis de instituições encarregadas dessa formação, visando responder as demandas do ensino primário, que estavam em plena ascensão naquele período.

Conforme previsto no artigo 2º da Lei, o ensino normal foi organizado em dois ciclos: o primeiro formava o professor regente de ensino primário, com duração de quatro anos, e o segundo, formava o professor primário, com duração de três anos (Brasil, Decreto-Lei n, 8.530 de 1946). O 1º ciclo correspondia à formação em nível ginasial e o 2º, a formação em nível colegial, do ensino secundário da época, que tinha duração de sete anos.

A escola Instituição que ofertava o 1º ciclo, era denominada de Escola Normal Regional/Ginasial (a partir da Lei n. 4024 de 1961, nossa 1ª LDBEN), formava os professores regentes, cuja habilitação estava mais direcionada para atuar em escolas isoladas, principalmente as rurais. Já a Instituição que ofertava o 2º ciclo, era a Escola Normal Colegial, que formava o professor primário, direcionado para atuar em escolas urbanas, principalmente nos grupos escolares.

No Paraná, as escolas primárias e normais ganharam um grande impulso com a atuação do educador Erasmo Piloto. Segundo Maria Elisabeth Blanck Miguel, no período de 1946 a 1961 houve a abertura de "mais de 1.000 escolas na zona rural, beneficiando cerca de 25.000 crianças" e 20 Cursos Normais Regionais voltados a formação de professores no interior do Estado (1997, p. 130).

Conforme informado na mensagem do Governador do Estado de 1958, a primeira escola normal Regional fundada no Sudoeste foi na cidade de Palmas em 1949, depois em Clevelândia, em 1953 (Paraná. Mensagem, 1958, p. 158). Já a primeira escola normal Colegial, provavelmente tenha sido a de Clevelândia, instalada em 1958, funcionando junto ao colégio das irmãs[84].

Em 20 de dezembro de 1961 entrou em vigor a Lei n. 4.024, nossa primeira Lei de Diretrizes e Bases da Educação Nacional (LDBEN).

---

[84] Conforme indicado por Cassiane Gemi, em 1960 passou a funcionar em Pato Branco uma Escola Normal, "em prédio alugado pelo Instituto Nossa Senhora das Graças ao governo estadual. As instalações da Escola Normal ficavam junto àquela instituição devido ao fato de ela oferecer local apropriado, com várias salas de aulas, bem como ao trabalho das Irmãs Vicentinas Filhas da Caridade de São Vicente de Paulo, que era muito conhecido na educação de Pato Branco. As próprias Irmãs foram encarregadas da direção, organização e lecionaram na Escola Normal por muitos anos" (2012, p. 65).

Com relação à formação de professores para o ensino primário, a lei manteve essencialmente o que estava disposto na "Lei Orgânica do Ensino Normal", ou seja, a formação nos níveis ginasial e colegial com habilitações para regente primário e professor primário. Conforme previa o artigo 52:

> O ensino normal tem por fim a formação de professores, orientadores, supervisores e administradores escolares destinados ao ensino primário, e o desenvolvimento dos conhecimentos técnicos relativos à educação da infância (Brasil, Lei n° 4.024 de 1961)[85].

A maioria dos estados, inclusive o Paraná, manteve as duas formas de formação (ginasial e colegial), apenas alguns estados, entre eles São Paulo e Rio de Janeiro adotaram a formação apenas em nível colegial.

Com o propósito de atender ao disposto no artigo 11, da LDBEN, de 1961, o Estado do Paraná aprovou a Lei n° 4.978, de 5 de dezembro de 1964, que instituiu o Sistema Estadual de Ensino, num contexto pós golpe militar/civil, instituindo a Ditadura. Conforme previa o Parágrafo único, do artigo 163, da lei do sistema estadual, deveriam ser observados os seguintes critérios, com relação aos professores em formação: "a) aptidão vocacional; b) sensibilidade para os valores humanos; c) cultura geral básica; d) cultura pedagógica; e) capacidade prática" (Paraná. Lei n. 4.978, de 1964).

Abaixo reproduzimos o quadro de disciplinas, com sua respectiva carga horária e distribuição semanal, ministradas no curso Normal Ginasial, no Paraná a partir da portaria n. 873, de 15 de março de 1962, baixada pela Secretaria de Educação e Cultura.

---

[85] A LDBEN de 1961 não definiu uma grade curricular mínima para a formação de professores, essa deliberação cabia aos conselhos estaduais de educação.

Imagem 27. Grade curricular, com carga horária e distribuição semanal para o curso Normal Ginasial no Paraná a partir de 1962.

CURSO NORMAL — QUADRO III
NORMAL DE GRAU GINASIAL DIURNO E NOTURNO
Disciplinas e número de aulas por semana para o primeiro ciclo

DISCIPLINAS	Diurno I	II	III	IV-A	IV-B	Noturno I	II	III	IV-A	IV-B
Português	5	5	5	3	5	5	5	5	3	4
Matemática	4	4	4	3	4	4	4	4	3	3
História	2	2	2	3	2	2	2	2	3	2
Geografia	3	2	3	—	2	2	2	2	—	2
Iniciação à Ciência	2	2	—	—	—	2	2	—	—	—
Ciências Físicas e Biológicas	—	—	—	3	3	—	—	—	3	2
Francês	3	3	—	—	—	3	3	—	—	—
Inglês	—	—	4	—	3	—	—	3	—	3
Organização Social e Política Brasileira	—	—	2	—	2	—	—	2	—	2
Desenho	2	2	—	2	—	2	2	—	2	—
Educação Técnico-Manual	—	—	2	—	1	—	—	2	—	2
Educação Artística	1	2	—	2	—	—	—	—	2	—
Psicologia Educacional	—	—	—	4	—	—	—	—	4	—
Didática e Prática do Ensino	—	—	—	4	—	—	—	—	4	—
Educação Física	2	2	2	2	2	—	—	—	2	—
TOTAL DE AULAS SEMANAIS	24	24	24	26	24	20	20	20	26	20

Observação: 1) Para a IV Série, no corrente ano letivo, deverá ser seguido o currículo IV-A.
2) A distribuição, segundo o currículo IV-B, será adotada a partir de 1963, em substituição ao currículo IV-A.
3) A formação de regente do ensino, será feita numa V Série, após a conclusão do Curso Ginasial,

Fonte: Paraná, 1962, p. 11.

A mesma portaria também definiu as disciplinas e a distribuição semanal para o curso Normal Colegial.

Imagem 28 Grade curricular, com carga horária e distribuição semanal para o curso Normal Colegial no Paraná a partir de 1962.

CURSO NORMAL — QUADRO IV
GRAU COLEGIAL
Disciplinas e número de aulas por semana para o segundo ciclo

DISCIPLINAS	Diurno I	II	III	Noturno I	II	III
Português	3	3	2	3	3	2
Matemática	3	3	—	3	2	—
História	2	2	—	2	2	—
Geografia	2	—	—	2	—	—
Ciências	3	3	—	2	2	—
Desenho	2	2	—	2	2	—
Didática e Prática	2	5	10	2	5	9
Psicologia	3	2	—	2	2	—
Organização Social e Política Brasileira	—	—	3	—	—	2
História e Filosofia da Educação	—	—	3	—	—	2
Educação Doméstica	—	—	4	—	—	3
Música e Canto Orfeônico	2	2	—	2	2	—
Educação Artística	—	—	—	—	—	—
Educação Física	2	2	2	—	—	2
TOTAL DE AULAS SEMANAIS	24	24	24	20	20	20

Fonte: Paraná, 1962, p. 12.

A lei 5.692 de 1971, que instituiu as diretrizes para o ensino de 1º e 2º graus, extinguiu a formação de professores em nível ginasial, mantendo apenas a de nível colegial, transformando em habilitação para o magistério em nível de 2º grau. Como a lei 5.692 foi introduzida de forma progressiva, a habilitação em magistério só se efetivou em Francisco Beltrão, no ano de 1978, como indicou Severgnini (2020).

3.2.2 A Escola Normal Ginasial Nossa Senhora da Glória

A ideia da criação do Curso Normal, voltado a formação de professores foi sugerida para as Irmãs pelo bispo, quando esteve em visita canônica na região no final de 1956 ou início de 1957. Conforme registrado na crônica:

> Ele achou que seria importante, ao lado do curso primário uma escola profissionalizante e uma escola Normal Rural. A formação de professores e catequistas para esta região seria muito importante, e um apostolado fecundo para o Colégio. As próprias professoras poderiam trabalhar em prol de vocações (Crônica – 2, s/d).

Sobre a sugestão do bispo, as Irmãs informaram que estava registrado na secretaria de educação e já ofertavam sendo ofertado um curso de corte e costura, com duração de dois meses. A ideia do curso Normal foi bem aceita pelas Irmãs, tanto que se empenharam para criá-lo, pois ele abriria uma possibilidade de formação em nível secundário das jovens que faziam o juvenato na casa. A opção de curso Normal escolhida não foi a rural, mas sim a Escola Normal Regional/Ginasial.

Segundo Lazier (1982), as Irmãs Escolares de Nossa Senhora sempre tiveram uma preocupação especial com a educação e percebendo as grandes dificuldades para oferecer uma educação de qualidade, entenderam que seria fundamental formar professoras para trabalharem nas escolas primárias. Segundo registrado na Crônica:

> Em 1959 ainda Ir. Boaventura criou a ESCOLA NORMAL GINASIAL[86] Nossa Senhora da Glória para preparar professoras, para esta região tão pobre de professoras preparadas.

---

[86] O termo Escola Normal Ginasial foi introduzido pela Lei n. 4024, de 1961. Na época a legislação que regularizava esse tipo de escola era a Lei 8530, de 1946, a Lei Orgânca do Ensino Normal, que definia essa modalidade de escola de Escola Normal Regional, que formava o regente de ensino. Como a crônica foi escrita posteriormente, foi utilizada a nomenclatura que estava em vigência.

> Diversas professoras são testemunhas de que era uma escola
> muito boa (Crônica – 2, s/d).

No final da década de 1950 já havia uma grande demanda por professoras preparadas para atuarem nas escolas primárias, por isso foi muito bem aceita a iniciativa das Irmãs em trazer para Francisco Beltrão essa modalidade de escola. Como homenagem à cidade e ao próprio Instituto, a escola recebeu o nome de Nossa Senhora da Glória.

Como na região, tudo estava no início, inclusive na área educacional. Ir. Boaventura se empenhou para a instalação da primeira Escola Normal para a formação de Professoras em Francisco Beltrão. Queremos registrar que essa escola foi a primeira de grau secundário instalada em Francisco Beltrão. Na época o curso secundário era de 7 anos, envolvelvendo o curso ginasial e colegial.

Na crônica produzida pelas Irmãs Escolares encontramos a seguinte passagem sobre a criação da Escola Normal em Francisco Beltrão, no ano e 1959:

> Contamos com este fato importante dado no início deste
> ano letivo, a instalação da Escola Normal Nossa Senhora da
> Glória. Esta teve lugar no dia 21 de fevereiro. Para este ato
> solene estiveram presentes: a Senhora Diva H. Vidal - chefe
> da Escola Normal e de algumas autoridades do lugar. [...] A
> Escola Normal, contava no início com 34 matrículas, entre
> elas com 4 professoras do Grupo Escolar. Durante o ano tudo
> correu normalmente nesta escola. O resultado final foi bastante consolador para o seu corpo docente (Crônica – 1, s/d).

A crônica evidencia o início das atividades da Escola Normal Ginasial Nossa Senhora da Glória. Essa escola era estadual, mas funcionava no Instituto Nossa Senhora da Glória da CANGO. Conforme informou o texto, a escola teve início no dia 21 de fevereiro, com a realização de ato inaugural, que contou com a presença da diretora da Escola Normal do Estado do Paraná, a Senhora Diva H. Vidal, bem como de algumas autoridades do lugar. O fragmento destacou que iniciaram o curso 34 alunas, sendo 4 delas, professoras do Grupo Escolar, no caso o Suplicy. Isso evidencia a carência de professores formados na região, visto que até os professores qua atuavam no Grupo Escolar, da cidade, não tinham a habilitação mínima necessária exigida pela legislação, imagina como era a formação dos professores das escolas rurais, da época.

Em entrevista com uma ex-aluna da Escola Normal, a senhora Ana Gracik[87], ela nos cedue documentos que provam o funcionamento da Escola Normal na época. Trata-se da relação das 34 alunas que compuseram a primeira turma da escola.

Quadro 7. Relação das primeiras alunas matriculadas da Escola Normal Regional/Ginasial Nossa Senhora da Glória em 1959.

Lista com as matrículas da primeira turma de 1959	
1. Ana Gracik	18. Lidia Kosik
2. Ana Jussara Polanski	19. Maria Borigo Miranda
3. Ana Possebon	20. Maria Cretani
4. Ana Vanir Ghedin	21. Maria Inês Traiano
5. Anilde Vandressen	22. Marilene Pierucini
6. Cilene Aparecida de Liz	23. Marilu Valrela
7. Clemência Lúcia Araújo	24. Marilene Terezinha Justen
8. Dalair Geemeli	25. Nadir Massoti
9. Dulce Viegas Lazarini	26. Nair Antunes dos Santos
10. Edite Coloniese	27. Olga Buzacaro
11. Elisa Soares Martins de Mello	28. Qadelise Lurdes Capra
12. Hadir de Freitas	29. Renata Pickler
13. Jandira Luiza Parsianello	30. Tania Maria Botton
14. Joanita Ratier	31. Teresinha Traiano
15. Judith Alves	32. Tony Kuntze
16. Laci da Silva	33. Vanilde Ghedin
17. Leni Viana (Alcinda)	34. Zelir Bigaton

Fonte: Acervo Pessoal de Ana Gracik (Documento avulso).

---

[87] Ana Gracik nasceu em 22 de fevereiro de 1930, é natural de Guaporé – RS, fez parte da primeira turma de matriculadas e formandas do Ensino Normal Regional/Ginasial, como registrado nos documentos citados anteriormente. Atualmente é professora aposentada e reside na cidade de Florianópolis – SC com a filha. Entrevista concedida a Moacir da Costa Belliato no dia 9 de junho de 2015.

Por ser a primeira escola em nível secundário da região de Francisco Beltrão poderia até haver algumas matrículas de rapazes. Pelos nomes listados, somente o 32, sugere que era um homem, mas não conseguimos confirmar esse fato.

Como visto, em 1959 houve 34 alunas que iniciaram o curso, todavia, o número das formadas em 1962 foi menor que 40%. Não aprofundamos para saber sobre as razões do baixo número de formadas, mas elas podem estar ligadas as exigências do curso, aos baixos salários pagos aos professores na época, entre outras.

Quadro 8. Relação da primeira turma de Formandas da Escola Normal Ginasial Nossa Senhora da Glória, ano de 1962.

Lista das formandas da primeira turma em 1962	
1. Ana Gracik	8. Maria Burigo Miranda
2. Carmen Cardinal	9. Maria Crestani
3. Cilene Aparecida de Liz	10. Marilu Varela
4. Hadir de Freitas	11. Renata Pickler
5. Judite Alves	12. Tania Maria Botton
6. Laci da Silva	13. Teresinha Traiano
7. Lilian Cardinal	

Fonte: Acervo Pessoal de Ana Gracik (Documento avulso).

Ao compararmos os nomes das alunas ingressantes em 1959, com as concluintes em 1962, identificamos que as alunas Carmem Cardinal e Lilian Cardinal, não estavam na lista das primeiras alunas.

A partir dos dados levantados na Escola foi possível construir uma estatística dos formandos pela Escola Normal Ginasial entre 1962 e 1967.

Quadro 9 Estatístico das Alunas que receberam os diplomas de Regente de Ensino da Escola Normal Ginasial Nossa Senhora da Glória entre 1962 e l967.

Ano da formatura	Número de alunas
1962	13
1965	24

Ano da formatura	Número de alunas
1966	30
1967	31
TOTAL	98

Fonte: Escola Normal Ginasial e Colegial. Livro de Registro de Diplomas. Não consta as turmas de 1963 e 1964.

Na investigação a Escola, entrevistamos a professora Neide Maria Ramella, aluna da 2ª turma, formada em 1963. Ela nos cedeu uma cópia do diploma de professora Regente de Ensino.

Imagem 29. Diploma de Regente de Ensino da professora Neide Maria Ramella, formada pela escola em 1963.

Fonte: Acervo Pessoal Neide Maria Ramella.

Imagem 30. Verso do Diploma da professora Neide Maria Ramella, formada pela escola em 1963.

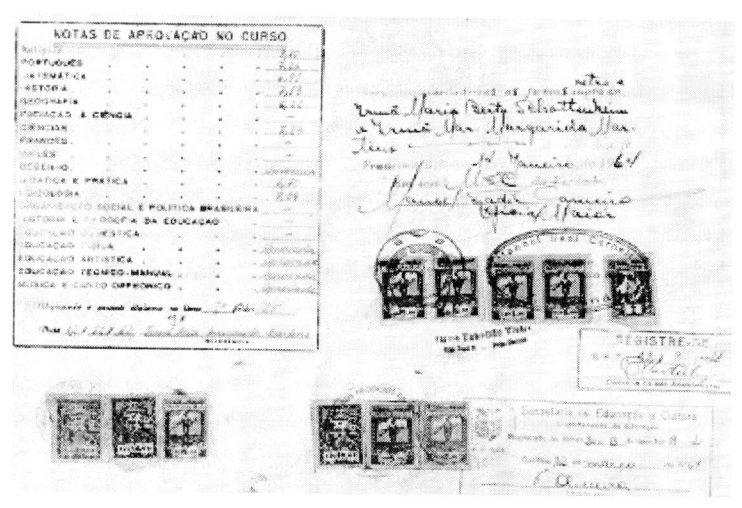

Fonte: Acervo Pessoal Neide Maria Ramella.

Este certificado demonstra a regularidade da Escola Normal, que certamente foi determinante na formação profissional das professoras, preparando-as para a arte de ensinar. O certificado legitima o trabalho das Irmãs Escolares na formação de professores em Francisco Beltrão, mas toda região. Não foi possível trazer a estatística complata do número de professores formados, mas considerando os 98 identificados, mais os anos faltantes, certamente se aproximaram de 140 professores.

Ocertificado também evidenciou que a Escola Normal era mantida pelo Estado do Paraná, mas a direção era de responsabilidade das Irmãs Escolares. Esta Escola Normal foi importante para Francisco Beltrão e região e fez a diferença na vida de muitas pessoas, uma vez que faltavam professoras formadas. A Escola Normal Ginasial Nossa Senhora da Glória cumpriu o seu papel e deixou boas lembranças para muitos professores que passaram por ela.

Pela portaria n. 20 de 15 de janeiro de 1968, as Escolas Normais de Grau Ginasial foram extintas no Estado do Paraná (Paraná, 1968). Elas foram transformadas em Ginásios multicurriculares nos locais onde estes não existiam ou deixaram de existir nos locais onde já havia ginásio estadual.

Como em Francisco Beltrão já existia o Ginásil Estadual Francisco Beltrão, ela foi extinta e seus alunos foram matriculados n curso ginasial a partir de 1968. O Ginásio Estadual Francisco Beltrão, em 1970 se transformou na Colégio Estadual Mario de Andrade.

No final de 1965, as Irmãs Escolares conseguiram criar a Escola Normal Colegial Estadual Regina Mundi, que também funcionava no Instituto Gloria e permitia o aprofundamento dos estudos para os professores, visto que o Normal Colegial garantia uma formação podagógica bem mais sólida.

Em 1968, os alunos da Escola Normal Ginasial, extinta foram incorporados pelo Ginásio Estadual Francisco Beltrão, que passou a funcionar no Instituto Nossa Senhora da Glória, recém construído na Rua Tenente Camargo, no Centro. Com isso, a formação de professores centrou-se na Escola Normal Colegial Estadual Regina Mundi, como evidenciado no tópico seguinte.

3.2.3. A Escola Normal Colegial Estadual Regina Mundi

Depois de alguns anos de funcionamento da Escola Normal Ginasial, com vários professores formados e a expansão das escolas urbanas, na modalidade de grupos escolares, foi necessário a ampliar o nível da formação docente em Francisco Beltrão. Foi com esse intuito que a comunidade beltronense, liderada pelas Irmãs Escolares de Nossa Senhora, se empenhou para criar as condições necessárias para a criação da Escola Normal Colegial.

Conforme indicado na crônica: "Em 1966 a Ir. Arcelia Maria Paese se empenhou em criar a ESCOLA NORMAL COLEGIAL 'REGINA MUNDI', para atender as necessidades crescente do lugar, também no sentido da cultura" (Crônica – 2, s/d) Na busca por informações sobre essa instituição, encontramos a Ata de Instalação da Escola, no arquivo do Colégio Estadual Mário de Andrade de Francisco Beltrão, que indicou a instalação da Escola no dia 28 de dezembro de 1965. Conforme consta no documento manuscrito:

> Aos vinte e oito de dezembro de mil novecentos e sessenta e cinco, numa das salas da Escola Normal Colegial Estadual "Regina Mundi", procedeu-se a Instalação da mesma. Os trabalhos foram seguidos na ordem seguinte. Fica criada na Cidade de Francisco Beltrão a Escola Normal Colegial Regina Mundi pelo decreto 19.838 assinado pelo Governador Ney Braga e Lauro Rego Barros Secretário de Educação e Cultura

do Estado do Paraná (Escola Normal Regina Mundi, Ata n. 1, p. 1, 1965. Anexo C).

O fragmento indicou que uma das atividades da solenidade de Instalação da escola, foi a leitura do decreto n. 19.838, possivelmente do dia 27 de outubro de 1965[88]. O referido decreto autorizou a criação da Escola Normal Colegial Estadual "Regina Mundi, todavia, o início das atividades foi somente no início de 1966. Localizamos no acervo fotográfico, do Instituto Nossa Senhora da Glória, uma fotografia que registrou o momento da reunião para a instalação oficial da escola, na qual estavam presentes várias as autoridades estaduais e municipais e as Irmãs do Instituto. Vejamos:

Imagem 31. Instalação da Escola Normal Regina Mundi em 28/12/1965.

Fonte: Instituto Nossa Senhora da Glória. Álbum Histórico.

Ao se reportar a Escola Normal Regina Mundi, Vera Lúcia Fregonese fez a seguinte afirmação:

---

[88] A data do decreto de instalação da Escola Regina Mundi, encontramos no Regimento Interno da Escola de Segundo Grau, Roberto Antônio Croda, todavia, não foi possível localizar o decreto na íntegra.

> Ainda na década de 1950, foi incorporado o Curso do Magistério através da Escola Normal Regional Estadual Regina Mundi, dedicada à formação de professores das séries iniciais, que funcionava também nessa construção de madeira (2012, p. 250).

A afirmação acima não confere com a documentação analisada. A referida autora fez uma confusão entre as duas escolas normais. Como vimos, em 1959 teve inicio as atividades da Escola Normal Regional/Ginasial Nossa Senhora da Glória. A Escola Normal Colegial Estadual Regina Mundi foi criada em 1965, mas iniciou suas atividades em 1966. Ambas foram criadas por iniciativa das Irmãs e funcionaram no Instituto Nossa Senhora da Glória, mas eram escolas mantidas pelo Estado. As duas instituições de ensino conviveram ao msmo tempo nos anos de 1966 e 1967, mas com níveis de formação diferentes. A Escola Normal Colegial Estadual Regina Mundi foi a primeira instituição a ofertar o grau colegial em Francisco Beltrão e região.

A Escola Regina Mundi possibilitava uma formação mais sólida para as professoras, pois seu currículo era voltado para a prárica docente. Aos poucos, a Escola foi imprimindo mudanças não só no aspecto educacional, mas também nas questões sociais, econômicas, políticas e religiosas de Francisco Beltrão e região, visto que significou mudança na qualidade educacional.

Um fato que nos chamou a atenção logo de início foi o nome dado à Instituição de ensino: Regina Mundi. Afinal, qual foi a justificativa para esse nome? Consultando o Regimento Interno da Escola de Segundo Grau, Roberto Antônio Croda, encontramos a explicação para o nome da Escola. Segundo o descrito no Regimento, o nome de "REGINA MUNDI" que na língua latina se traduz como: "Rainha do Mundo" foi dado em homenagem a Nossa Senhora da Glória, por ser esta a Padroeira da cidade de Francisco Beltrão e que também dava o nome do Instituto (Escola de 2º Grau Roberto Croda, s/d). A data da festa da padroeira da cidade é 15 de agosto, dia comemorado pelos católicos como a Assunção de Nossa Senhora ao Céu.

A Escola Regina Mundi, não chegou a ter uma sede própria. Ela funcionou em diferentes instituições escolares do município. Como afirmado, foi criada pelo Estado e funcionou junto ao Instituto Nossa Senhora da Glória entre 1965-1972. Provavelmente nos anos de 1966 e 67, funcionou na CANGO e entre 1968 e 1972, na rua Tenente Camargo. A primeira diretora da Escola Normal Colegial Regina Mundi foi a Irmã Alix Bento, posteriormente a Irmã Bárbara Zimermann.

Segundo o depoimento da professora Maria Narcisa[89], que atuou como diretora da Escola em 1973, "[...] a Regina Mundi ela saiu do Colégio Glória e foi pro Castelo da Floresta na ASSESSOAR e de lá, quando eu peguei a direção, nós ficamos um ano na Escola Beatriz Biavati porque não tinha um lugar que fosse assim próprio da Escola" (Narcisa, 2015).

Em 1976, a Escola Normal Colegial Estadual Regina Mundi foi incorporada a Escola de Segundo Grau "Roberto Antônio Croda", que funcionava junto a Escola Estadual Eduardo Virmond Suplicy, localizado no centro da Cidade de Francisco Beltrão. A instituição resultou da junção/reordenação do Colégio Comercial Estadual de Francisco Beltrão e da Escola Normal Colegial Estadual Regina Mundi, unificadas em obediência às determinações legais do Conselho Estadual de Educação e Secretaria de Estado de Educação e Cultura do Estado, com embasamento legal no parecer n°. 130/74, aprovado pelo parecer n°. 001/76, de 05 de fevereiro de 1976 (Escola de 2° Grau Roberto Croda, s/d). A instituição foi criada para atender a um público escolar que procurava o aperfeiçoamento profissional nos Cursos de Técnico em Contabilidade e Normal Colegial.

A história do Colégio de 2° Grau Roberto Croda e da própria Escola Normal Regina Mundi, carece de mais estudos. Essas escolas não chegaram a ter uma cede própria, dái a dificuldade em compreender suas histórias. Elas foram criadas para atender uma demanda de formação secundária na cidade e região, em nível profissional, pois em 1970, o Colégio Estadual Mario de Andrade (CEMA) só oferecia a formação científica ou formação geral, em níel secundário.

A Lei n. 5692/71, introduziu a formação profissional obrigatória, todavia, sua implantação foi gradual, ou seja, a formação em nível de 2° Grau só foi implantada no Mario de Andrade em 1978, com a criação dos cursos profissionalizants em Contabilidade, Auxiliar de Escritório e Mgistério (Servegnini, 2020). Tudo indica que com a implantação dessses três cursos profissionalizantes, os alunos da Escola Normal Colegial Estadual Regina Mundi e do Colégio Comercial Roberto A Croda, foram incorporados pelo CEMA e essas escolas foram extintas.

3.2.4. A proposta pedagógica da Escola Normal Colegial Regina Mundi e experiências de formação

---

[89] Entrevista concedida a Moacir da Costa Belliato em 2 de junho de 2015.

No levantamento de documentos sobre a escola Normal Regina Mundi, encontramos nos arquivos do Colégio Estadual Mário de Andrade, o Regimento Interno da Escola Normal Colegial Estadual Regina Mundi[90]. Ao analisar o documento, logo constatamos as razões e objetivos da instituição. No Regimento Interno encontramos a seguinte afirmação: "esta Escola é o centro único de uma área cultural relativamente nova" (Escola Normal Regina Mundi. Regimento, s/d, p. 1).

A Escola Normal Regina Mundi foi instalada para atender uma demanda crescente por professores formados em Francisco Beltrão e região, visto que havia a expansão dos Grupos Escolares e das escolas ginasiais ou de 5ª a 8ª séries, que damandavam professores mais qualificados, tornando-se assim um dos principais centros especializado na formação de professoras, entre meados da década de 1960 e 1970. Ao averiguarmos o Regimento Interno da Escola, identificamos as finalidades e os objetivos característicos da Instituição, no que se referia à formação das normalistas. Então vejamos:

> a) desenvolver integralmente a personalidade humana e sua participação na obra do bem comum. b) Integrar a Escola Normal, através do contato diário no bom relacionamento do professor com a criança, possibilitando utilizar processos adequados ao aluno do curso primário em geral e, em particular àquele que constituirá sua classe em um determinado momento. c) despertar na normalista a compreensão adequada do que consiste o trabalho pedagógico de levar o aluno a agir, a estudar, a aprender libertando-se da hipótese de que o cumprimento de um programa formal possa dar um preparo profissional efetivo. d) oferecer-lhe a oportunidade de sentir que a Escola Normal e a Primária funcionam como um organismo perfeitamente estruturado e dinâmico na plena experimentação de seus objetivos. e) propiciar, com o intercâmbio entre os professores das divisões e unidades, recursos para um contínuo aperfeiçoamento de técnicas de trabalho e levar os resultados dessa experiência ao Curso Primário no que concerne ao inter-relacionamento e cultura especializada. f) procurar incentivar e informar o professor

---

[90] A pesquisa sobre a Escola Normal Colegial Estadual Regina Mundi nos conduziu ao Colégio Estadual Mário de Andrade – CEMA, por informação do Professor Luiz Carlos Niederhartmann, que foi professor nesta escola entre 1973 a 1974. O mesmo informou que no Colégio Estadual Mário de Andrade deveria estar toda a documentação das várias escolas que deram origem ao CEMA. Infelizmente encontramos poucos documentos preservados. Certamente a maior parte foi destruída, seja pela ação do tempo ou pela destruição deliberada dos próprios gestores, diante a falta de um espaço apropriado para arquivá-los.

> quanto ao uso de técnicas de trabalho que atendam à psicologia infantil ao ideal cristão e à sociedade (Escola Normal Regina Mundi. Regimento, s/d, p. 1).

Ao interpretar o proposto nos objetivos do Regimento Interno, destacamos os seguintes princípios formativos da Escola Regina Mundi legados as normalistas egressas.

a. em primeiro lugar, tratava-se do desenvolvimento integral da personalidade de cada normalista e na função de professoras que no futuro iriam desempenhar. Sua participação na sociedade deveria ser pautada pela "obra do bem comum";

b. enfatizou a importância da integração entre professor e aluno, promovendo um relacionamento agradável e possibilitando uma aprendizagem serena e harmoniosa;

c. evidenciava a importância da autonomia das candidatas, orientando que não era apenas estar fazendo parte do programa de formação de professores, pois a formação não aconteceria de forma automática, independente do empenho pessoal. Por isso, as normalistas deveriam, conforme prescrito agir, estudar e aprender para tomar conhecimento do que consistia, realmente, o trabalho pedagógico. Assim, ficava claro que, apenas fazer parte do programa formal, não garantiria de maneira alguma uma formação com qualidade efetiva. Era necessário que as normalistas tivessem consciência de que a formação deveria fazer parte de um processo contínuo, mesmo depois que concluíssem o programa de formação;

d. o documento ressaltava ainda, que as duas instituições, a Escola Normal e a Escola Primária deveriam funcionar como um organismo perfeitamente estruturado, tendo em comum, o papel ativo do professor;

e. enfatizou a importância do intercâmbio entre as divisões e unidades da Escola Normal, na troca de experiências e na partilha das técnicas de trabalho para o fortalecimento da Escola Primária;

f. por fim, ressaltou a importância do conhecimento da psicologia infantil e o papel do ensino para levar o ideal cristão para toda a escola.

Os objetivos propostos pela Regimento Interno, evidenciam uma clara presença das Irmãs Escolares na sua elaboração.

Na expectativa de encontrar alunos, professores, diretores da Escola, saímos a campo, tendo como orientação a metodologia da História Oral. Vale lembrar que os relatos orais se constituem de extrema relevância em nossa pesquisa, visto que são fontes muito ricas para a compreensão das questões que surgiram em torno do objeto e da prática educativa do passado. A ideia foi indagar os depoentes para conseguirmos compreender o desenrolar dos acontecimentos dentro do contexto histórico, social, político e religioso das décadas de 1960-70, período em funcionou a Escola Normal.

Nessa busca conseguimos encontrar e entrevistar a professora aposentada, Ana Gracik. Ela estudou na Escola Regina Mundi de 1966 a 1968, fazendo também parte da primeira turma do Curso Colegial. A professora exerceu a profissão de docente no ensino primário, tendo sido mestra de muitos alunos de Francisco Beltrão e região. Segundo ela "as aulas aconteciam no período matutino, das 7:00 às 11:00" (Gracik, 2015). Conforme consta no seu diploma, as matérias que estudou foram as seguintes: Português, Matemática, História, Geografia, Ciências, Educação Moral e Cívica, Fundamentos da Educação, Teoria e Prática da Escola Primária, História da Educação, Administração Escolar, Educação Física, Artes, Recursos Áudio Visuais, Música e Cantos Orfeônicos.

Para demonstrar como era a habilitação oferecida pela Escola Normal Regina Mundi, reproduzimos a imagem da frente do diploma original recebido pela aluna, depois professora Ana Gracik.

Imagem 32 Diploma recebido por Ana Gracik em 1968.

Fonte: acervo pessoal de Ana Gracik.

Pelo diploma podemos evidenciar que a diretora era Irmã Barbara Zimmermann[91].

A partir da conversa com a professora Ana Gracik, conseguimos o contato com a professora Gilda Beatriz Davoglio[92], formada pela escola em 1969, fazendo parte da segunda turma da escola. Segundo a professora Gilda:

> [...] a Escola Normal Regional Colegial Estadual Regina Mundi, veio justamente para suprir a falta de professoras. Sendo assim, as Irmãs Escolares de Nossa Senhora trou-

---

[91] Irmã Bárbara Zimermann nasceu em 30 de dezembro de 1914 na Alemanha. Fez sua profissão religiosa em 1938 em Munich. Foi professora de Francês, Inglês e diretora do Instituto Nossa Senhora da Gloria entre 1965-1968 e da Escola Normal Nossa Senhora da Glória. Irmã Bárbara também foi diretora no Ginásio Estadual de Francisco Beltrão e do Colégio Estadual Mário de Andrade até 1975. Faleceu em 21 de dezembro de 2007 em São Paulo. Recebeu o título de Cidadã Honorária de Francisco Beltrão, em 1991, por iniciativa do vereador Sérgio Galvão (Legislativo e História, 2011, p. 60)

[92] Gilda Beatriz Davoglio Virmond nasceu em 1950 na cidade de Casca – RS. Filha de Severino Giuseppe Davoglio e Rosalinda Camilotti Davoglio. Atualmente mora em Francisco Beltrão e vive como professora aposentada. Entrevista concedida a Moacir da Costa Belliato no dia 10 de junho de 2015. Outra fonte importante que nos ajudou a levantar o nome de ex-alunas e alunos da Escola foi o Livro de Registros dos Diplomas dos alunos da Escola Regina Mundi, encontrado nos arquivos do Colégio Estadual Mário de Andrade.

xeram este curso com toda a grade curricular voltada para a formação de professoras. O número de professores que havia, não era o suficiente para suprir as necessidades da escola (Davoglio, 2015).

Conforme destacou, "as aulas eram articuladas de tal forma, que os alunos e alunas eram externos, eles estudavam na parte da manhã, uma vez que as obras do novo Colégio ainda não haviam sido concluídas". Segundo ela, "as salas eram mistas sendo constituídas por homens e mulheres. Claro que não havia muitos homens que se interessavam pelo magistério, porém, sempre tinha um ou outro. Este curso acontecia em um período de 03 anos" (Davoglio, 2015)[93].

No levantamento dos ex-alunos conseguimos identificar e entrevistar o professor Evaristo Castanha[94], o qual afirmou ser o primeiro aluno que se formou na Escola Colegial Regina Mundi. No dizer do professor Evaristo:

> [...] a maior curiosidade que eu posso destacar neste momento, é que nós éramos em 02 turmas. A primeira era só de moças. Já a segunda turma era só de professoras. Elas, por sua vez, possuíam muitos anos de profissão. Tanto em uma turma como na outra, só havia um aluno homem na turma de 1972. [...] no dia da nossa formatura, a Irmã Bárbara que foi a Diretora da Escola Regional, me deu os parabéns por ter sido o primeiro aluno homem que se formou normalista em Francisco Beltrão" (Castanha, 2015).

Considerando o significado desse fato, optamos por reproduzir a imagem do diploma do professor Evaristo Castanha.

---

[93] Como a Escola Normal Regina Mundi foi a primeira escola em nível secundário colegial de Francisco Beltrão, vários estudantes formados não se dedicaram ao magistério. Por alguns anos, a Escola Normal constituiu-se na única opção para estudos secundários, com possibilidades de acesso aos cursos superiores.

[94] Evaristo Castanha nasceu em 23 de novembro de 1935, é natural de Bom Retiro – SC. Filho de José da Silva Castanha e Maria Policastro. Atualmente o professor Evaristo é aposentado e reside em Francisco Beltrão mantendo uma vida ativa. Participa na Paróquia Nossa Senhora Aparecida e desenvolve várias atividades na Igreja a que pertence no Bairro Alvorada. Entrevista concedida a Moacir da Costa Belliato no dia 17 de junho de 2015.

Imagem 33 Diploma do professor Evaristo Castanha formado em 1972.

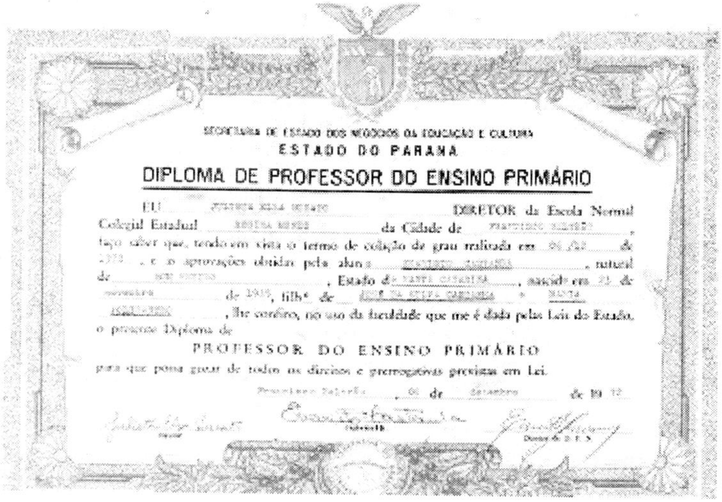
ESTADO DO PARANÁ

DIPLOMA DE PROFESSOR DO ENSINO PRIMÁRIO

PROFESSOR DO ENSINO PRIMÁRIO

Fonte: Acerco Pessoal de Evaristo Castanha.

O professor Evaristo Castanha já atuava como professor na zona rural, por isso sentiu a necessidade de se preparar melhor para o exercício da profissão. Ele pode ser considerado um privilegiado por ser o primeiro homem formado na instituição.

A Gilda Beatriz Davoglio, após se formar pela escola, tornou-se professora de artes. Ao se reportar a experiência de professora, afirmou:

> Eu sempre trabalhei com Arte. Na realidade, havia na formação uma grande carência de professores. Eu vim de Curitiba do Colégio Sagrado Coração, com algumas ideias novas e as irmãs me propuseram que então, eu assumisse aulas. Em 1970, eu já estava formada e então lecionava aulas de Recursos Visuais e Educação Artística[95] (Davoglio, 2015).

A professora Gilda relatou algumas práticas que usava nas aulas de artes:

> [...] procurava suprir as necessidades dos professores. Havia uma correlação entre Educação Artística e Geografia e produzíamos com os alunos mapas em autorrelevo, usávamos

[95] A professora Gilda Beatriz Davoglio estudou no Colégio Sagrado Coração em Curitiba de 1966 a 1968 e assim que concluiu o ano, retornou para Francisco Beltrão e ingressou no último ano do curso de formação de professores oferecido pela Escola Regina Mundi e concluiu o curso no final de 1969. Esse fato evidencia que não havia professores com graduação em Francisco Beltrão, pois ela passou a atuar como professora com apenas o Curso Normal Colegial.

jornais e revistas. Muitos recursos eram produzidos em sala de aula como televisãozinha com bobina com filmes, teatro de sombra (DAVOGLIO, 2015).

Além da professora Gilda, tivemos a oportunidade de conhecer e realizar uma entrevista em forma de questionário com o professor Luiz Carlos Niederhartmann,[96] o qual relatou que integrou o corpo docente da Escola Normal Colegial Estadual Regina Mundi entre 1973 e 1974. Lecionou as disciplinas de Geografia do Paraná, História do Paraná e OSPB. "Aliás, a disciplina de OSPB por ter sido o ano de implantação, todos deveriam estudá-la". Ao ser questionado sobre quais eram os recursos didáticos da época, o professor Luiz Carlos Niederhartmann destacou que "as bibliotecas eram fracas, não havia muitos recursos didáticos para um maior aprofundamento nos estudos". E complementou afirmando que "a maioria dos alunos era mais concentrada e iam à escola para estudar" (Niederhartmann, 2015).

No Estatuto Interno do Colégio Roberto Antônio Croda, encontramos a seguinte afirmação sobre a Escola Regina Mundi:

> [...] 09 foram as turmas formadas pela Escola Normal Colegial Estadual REGINA MUNDI, muitos têm se destacado no Magistério Regional, levando à juventude do Paraná, os conhecimentos básicos para uma aprendizagem à altura das reais necessidades da atual conjuntura nacional e universal (Escola de 2º Grau Roberto A. Croda, s/d, p. 2).

Essa informação pode ser confirmada na consulta que fizemos ao Livro de Registros de Diplomas, localizado no arquivo do Colégio Estadual Mário de Andrade. No livro levantamos a relação de formandos das turmas de 1968 a 1977, contabilizado um total de 09 turmas, sendo formados aproximadamente 250 professores primários. (Livro De Diplomas, p. 2 a 8).

Certamente a formação de professores foi uma das iniciativas mais exitosas, das Irmãs Escolares de Nossa Senhora, para com a educação de Francisco Beltrão e região. Mediante um esforço coletivo, da comunidade Beltronense, foi possível concretizar a proposta pedagógica de um projeto educacional, que depois de muitas décadas, as pessoas recordam com saudade de uma época. A época em que a Escola Regina Mundi foi essencial para a formação dos educadores, os quais deixaram importantes contribuições para a qualificação da educação de Francisco Beltrão e região.

---

[96] O professor Luiz Carlos Niederhartmann foi acometido de uma doença que afetou a sua fala. Por isso, nós o entrevistamos por meio de um questionário que foi respondido de forma escrita. Entrevista realizada por Belliato no dia 8 junho de 2015.

3.3. As Parcerias Entre o Instituto Nossa Senhora da Glória e a Secretaria da Educação do Estado do Paraná

As Irmãs Escolares tinham uma boa sintonia com a comunidade, sociedade e com a política local. Esta aproximação possibilitou várias parcerias, inclusive com a Secretaria da Educação do Estado do Paraná, pela qual foi possível a hierarquização dos níveis de ensino no município de Francisco Beltrão e Região.

Conforme registrado na Crônica:

> Em fins de 1967 a Secretaria de Educação e Cultura de Curitiba pediu às Irmãs para assumir a direção do Ginásio Estadual de Francisco Beltrão e que funcionasse em nosso prédio. Estava até então no prédio do Grupo Suplicy. O pedido foi aceito em 1968 IR. ARCELIA MARIA PAESE, que tinha nomeação como professora primária, assumiu a direção do Ginásio que passou a funcionar em nosso prédio. Funcionou em 3 períodos. No mesmo ano houve a fusão com mais duas escolas: Escola Normal Ginasial Nossa Senhora da Glória que já não tinha razão de existir porque foi criada e Escola Normal Colegial Regina Mundi e o Ginásio particular La Salle que foi fechado (Crônica – 2, s/d).

Na ápoca, a gestão da educação de primária e secundária era de responsabilidade do município e do Estado, mas não havia uma divisão clara das funções. Era comum o Estado assumir o ensino primário das cidades e vilas maiores, com a criação de Grupos Escolares, cabendo a manutenção das escolas isolados, do interior aos municípios. Também era de responsabilidade do Estado a oferta do ensino secundário, que na época era de 7 anos, sendo o curso ginasial de 4 anos e o colegial de 3 anos. Como a demanda educacional cresceu muito nas décadas de 1960 e 1970, devido a crescente urbanização e a industrialização, o Estado não tinha recursos suficiente para atender a demanda, visto que havia a necessidade de construir grandes prédios escolares.

Como o Instituto Nossa Senhora da Glória havia acabado de construir uma grande estrutura educacional, a Secretaria de Educação do Estado fez a proposta de alugar o prédio para alocar os alunos de Ginasio Estadual de Francisco Beltrão, que funcionava precariamente no Grupo Escolar Suplicy. Além do pagamento do aluguel pelo uso do prédio, a Secretaria de Educação ofereceu a direção da instituição para a Irmãs

Escolares. Como indicado na crônica, a proposta foi aceita, cabendo a direção a Irmã Arcelia Maria Paese[97]. Com isso no início de 1968, o Ginásio Estadual passou a funcionar no prédio do Instituto Glória, na rua Tenente Camargo, no centro da cidade.

Como já indicamos, no início de 1968, o Estado extinguiu os cursos normais ginasiais, convertendo-os em ginásios multicurriculares. Como em Francisco Beltrão já havia o Ginásio Estadual em funcionamento, as alunas da Escola Normal Nossa Senhora da Glória foram incorporadas no Ginásio Estadual. A crônica indicou que também foi extinto o Ginásio La Salle, que era mantido pelos Irmãos Lassalistas, dedicado a formar os rapazes que almejavam a vida religiosa. A extinção do La Salle não foi uma imposição do Estado, mas sim uma decisão dos Irmãos Lassalistas[98], já que a portaria só se aplicava as escolas estaduais e o La Salle era particular.

Com o aluguel da estrutura do Instituto Glória, o Ginásio Estadual ganhou em qualidade e pode receber bam mais alunos. Essa condição fez com que os Irmãos Lassalistas não tivessem mais como manter o ginásio particular. Outra explicação para o fechamento do La Salle, foi pela grande demanda de professores formados. Os Irmãos Lassalistas eram todos habilitados para a docência, por isso foram convidados para trabalhar no Ginásio Estadual, e ajudar a suprir a grande carência de professores habilitados na cidade. Na condição de professores do Ginásio Estadual teriam contato com muito mais jovens e poderiam continuar despertando vocaçãoes.

A opção pelo aluguel da estrutura educacional do Instituto Glória, por parte do Estado, foi a forma encontrada para aliviar as pressões pela construção de uma nova estrutura ou ampliação do Grupo Escolar Suplicy. Como indicado no fragmento da crônica, o Ginásio funcionava em três períodos, com isso atendiam centenas de alunos. Conforme indicado por Severgnini, no ano de 1969, o Ginásio Estadual contava com 971 alunos

---

[97] Irmã Arcélia Maria Paese nasceu no dia 15 de setembro de 1938 em Maximiliano de Almeida (RS). Depois se mudou para Concórdia (SC) e de lá para Francisco Beltrão, chegando no final de 1954. Irmã Arcélia é a segunda dos sete filhos de Dionísio e Ida Zanella Paese. No início de 1955 engressou na Congregação das Irmãs Escolares e foi para São Paulo. Formada em Teologia pelo Instituto Franciscano de Petrópolis – RJ. Retornou para Francisco Beltrão na década de 1960 e foi a primeira diretora do Ginásio Estadual, em 1968, quando passou a funcionar no Instituto Gloria. Depois foi para Curitiba cursar Pedaggogia e Administração Escolar. Concluído o curso, retornou para Beltrão e foi a diretora do Instituto entre 1975 e 1984. Voltou a direção novamente nos períodos de 1989-1996. Foi Provincial das Irmãs Escolares de Nossa Senhora da Província de São Paulo de 1997-2001.Voltou a direção do Instituto em Francisco Beltrão novamente no período 2008-2011. (JB, 2011).

[98] Muito pouco se conhece sobre a história do Ginásio La Salle, tipo quando começou, onde funcionou etc. Essa é uma história que merece ser investigada.

matriculados (2020, p. 121). Devemos lembrar que na época havia uma trava na passagem do curso primário para o secundário, o chamado exame de admissão. Esse exame impediu muitos adolescentes de seguirem seus estudos, precisando fazer a prova mais de uma vez[99].

Na nossa investigação não conseguimos informações sobre o valor do aluguel que o Estado pagou para o Instituto Glória, nem sobre a forma de pagamento. O fragmento da crônica citado acima revelou que a Irmã Arcelia era professora concursada pelo Estado, portanto, uma servidora pública. Ficou a dúvida sebre a forma pagamento do aluguel, se era em espécie ou na forma de salário para as Irmãs professoras. Precisamos lembrar que no prédio do Glória também funcionava o Jardim de Infância e a escola primária, mantida pelas Irmãs Escolares. Tudo funcionava ao mesmo tempo.

A chegada de centenas de alunos gerou uma série de transtornos, que as Irmãs precisaram resolver. Na crônica encontramos o seguinte registro:

> Foi um ano duríssimo para a direção, pois custou muito que os alunos vindos da Escola Estadual se submetessem a um regime sério de disciplina e trabalho. Havia cerca de 100 casos de irregularidades, isto é, com irregularidades nos históricos dos alunos. Após um levantamento por membros da Secretaria de Curitiba todos os respectivos alunos tiveram de se sujeitar-se às necessárias provas de revalidação nas matérias com notas não "legais". Um ano não bastou para por em dia todos os casos. Foi montada uma secretaria para por em dia todas as listas de notas bimestrais e finais. Foi chamado aluno que já estava em outra cidade, já estava cursando 2° Grau. Em 1969 Ir. Arcélia deixou Francisco Beltrão para continuar seus estudos cursando a faculdade de Pedagogia em Curitiba (Crônica – 2, s/d).

Como visto, as Irmãs encontraram dificuldades para impor um padrão disciplinar aos alunos que vieram das outras instituições. Os alunos precisaram se adaptar e resolver também problemas de suas matrículas por terem vindos de registros diferentes. A secretaria do Ginásio Estadual Francisco Beltrão estava desorganizada. A crônica revela problemas sérios de notas, ficando constatado que vários alunos estavam com seus históricos em situação irregular.

---

[99] O exame de admissão estava previsto na Lei n. 4024/61, nossa primeira LDBEN. O exame foi suprimido pela Lei n. 5692/71, que implantou o curso de 1° grau, com duração de 8 anos. Com isso, os alunos do 4° ano ou série puderam seguir normalmente para o 5° ano ou série. Esse exame foi aplicado até 1974, quando houve a implantação da 5ª série no CEMA (Cf. Belliato, 2023).

Essa desorganização evidencia que as escolas públicas naquele momento estavam em situação precária, tanto do ponto de vista estrutural, quanto burocrático. Na época havia duas ou três instituições funcionando no mesmo espaço e, como consequência, muitos problemas surgiram com a documentação escolar dos alunos. Boa parte da desorganização era por falta de estrutura, demonstrando pouco interesse por parte do Estado pela educação pública. A opção por alugar o Colégio Glória foi uma forma que o governo encontrou para prorrogar os investimentos em novas escolas, demonstrando mais uma vez que uma educação pública de qualidade não era prioridade do governo estadual.

Reproduzimos abaixo a fotografia da Irmã Arcelia Maria Paese que ficou um ano na Direção do Ginásio Francisco Beltrão. Depois se transferiu para Curitiba, para fazer a faculdade de Pedagogia, visando qualificar pedagogicamente a equipe do Instituto Nossa Senhora da Glória, pois quando ela concluiu os estudos em Curitiba, retornou para as atividades na em Francisco Beltrão.

Imagem 34 Irmã Arcelia Maria Paese

Ir. Arcelia Maria Paese

Fonte: Instituto Nossa Senhora da Glória. Álbum Histórico.

Conforme registrado na Crônica, para o seu lugar a Congregação designou:

> Irmã Bárbara Zimmermann, que também tinha padrão pelo Estado como professora primária para assumir a direção e continuar a luta em prol da juventude estudantil de Francisco Beltrão. Ela conseguiu cercar-se de uma equipe de ótimos professores que lhe ajudaram a elevar a escola a um nível bastante bom e reconhecido na região (Crônica – 2, s/d).

Como indicado no fragmento, Irmã Bárbara[100] também era servidora pública estadual. Como era uma professora muito experiente conseguiu formar uma equipe de professores preparados para conduzir os trabalhos no Ginásio Estadual Francisco Beltrão. Com o trabalho dessa equipe, o Ginásio/Colégio ganhou qualidade e se tounou uma referência na região.

Como indicaram Severgnini (2020) e Belliato (2023), em 1970 foi criado o curso científico, então o Ginásio Estadual passou para a condição de Colégio e recebeu o nome de Colégio Estadual Mario de Andrade.[101] A mudança de stato da instituição estadual trouxe mais alunos ainda, para o Instituto Glória. Como já demonstramos anteriormente, em 1969 foi concluído o bloco C, com isso, a estrutura escolar teve uma significativa ampliação, possibilitando o acolhimento de mais alunos. Entre 1970 e 1972, funcionava no Instituto Glória, o CEMA, a Escola Normal Regina Mundi e o Jardim e escola primária do Glória. Isso significa que aproximadamente 1600 alunos estudavam naquela estrutura educacional.

Não temos dúvidas em afirmar que os professores mais qualificados de Francisco Beltrão atuavam no Instituto Nossa Senhora da Glória, até porque, no Glória funcionavam as principais escolas mantidas pelo Estado na época. Não há dúvidas de que havia uma relação ambígua entre o público e o confessional/privado, a qual ajudou a fortalecer o nome do Instituto Nossa Senhora da Glória em Francisco Beltrão.

---

[100] Irmã Bárbara Zimermann nasceu em 30 de dezembro de 1914 na Alemanha. Fez sua profissão religiosa em 1938, em Munich, na Alemanha. Foi professora de Francês, Inglês e diretora entre 1965-1968 no Instituto Nossa Senhora da Glória. Irmã Bárbara também foi diretora no Colégio Mário de Andrade até 1975. Faleceu em 21 de dezembro de 2007 em São Paulo.

[101] Sobre o CEMA, a crônica registrou o seguinte: "Em 1970 já foi criado o 2º Grau, no mesmo prédio e todo o Colégio Estadual recebeu o nome de "Colégio Estadual Mário de Andrade pela SEC" (Crônica – 2, s/d).

A Lei 5692/71 fez uma alteração bem significativa na organização da educação nacional, mudando a hierarquização vigente até então. A Lei criou os cursos de 1º e 2º Graus, sendo o 1º com duração de 8 anos, da 1ª a 8ª série e o 2º com duração de 3 a 4 anos. O 1º grau passou a ser obrigatório, impondo a obrigatoriedade escolar de 7 a 14 anos. A Lei estabeleceu que sua implantação seria gradual, ou seja, em 1972 iniciou a 1ª série, em 1973, a 2ª e assim sucessivamente até chegar a 8ª série. As escolas que seguiram esse fluxo implantaram a 8ª série em 1979.

Todavia, o artigo 3º da Lei 5692/71 possibilitou a formação de complexos escolares, visando a aceleração da implantação. O complexo poderia ser formado, mediante um projeto administrativa/pedagógico envolvendo duas ou três instituições, das quais uma ou duas se ocupariam da oferta das séries iniciais (1ª a 4ª) e outra das séries finais (5ª a 8ª), e na sequência o curso de 2º Grau.

No arquivo do Colégio Estadual Mario de Andrade, localizamos o documento denominado de Planejamento Prévio do 1º Complexo, de 1973. A proposta do Complexo envolvia o Colégio Estadual Mario de Andrade, o Instituto Nossa Senhora da Glória e o Grupo Escolar Beatriz Biavatti. O projeto foi encaminhado para a Secretaria Estadual de Educação e o Conselho Estadual de Educação e foi aprovado.

Conforme indicou Severgnini (2020), na proposta coube ao Instituto Glória e ao Grupo Escolar Beatriz Biavatti, a oferta da 1ª a 4ª série e a CEMA, a oferta da 5ª a 8ª séries. No documento do 1º Complexo foi justificado a inclusão do Instituto Nossa Senhora da Glória no projeto.

> O motivo que nos levou a incluir o Instituto Nossa Senhora da Glória, no 1º complexo, juntamente com as demais escolas oficiais é que a referida escola mantém convênio com o Estado, segue o mesmo calendário escolar e obedece aos mesmos critérios dos estabelecimentos oficiais. Esta integração facilitou a organização do 1º Complexo, visto que as 4 primeiras séries do 1º grau fornecem alunos para as 5ª séries do Colégio Estadual Mário de Andrade que mantém apenas as quatro últimas séries do 1º grau. (Paraná, CEMA, 1973, s/p).

Olhando para a história, podemos afirmar que não havia como deixar o Instituo Glória de fora da proposta, pois o CEMA funcionava na sua estrutura até 1977. Em 1974/75 teve início a transferência do CEMA para a sua cede própria, mas ela só foi concluída no final de 1977.

Como demonstrou Severgnini (2020), a existência do Complexo possibilitou que o CEMA pudesse implantar a 5ª série já no ano de 1974, antecipando em dois anos a implementação da 5ª série em Francisco Beltrão.

Conforme registrado na Crônica, a história do Instituto Nossa Senhora da Glória, começou a mudar a partir de 1975:

> Como era fundamental a implantação do CURSO FUNDA-MENTAL também em nossa escola particular, Ir. Bárbara deixou a direção do Estadual, fins de 1975, pois era incompatível o mesmo curso no mesmo prédio. A Escola Estadual passou a funcionar ainda anos no prédio nosso sob a direção de um professor leigo, Danilo Schiessl, mas que não soube corresponder à confiança nele depositada (Crônica – 2, s/d).

O fragmento acima evidencia o início da autonomia do Instituto Nossa Senhora da Glória. Conforme indicado no fragmento, "era incompatível a existência do mesmo curso no mesmo prédio". Qual a razão dessa afirmação? Como já enfatizamos, a Lei 5.692 de 1971, criou o curso de 1º Grau, com duração de 8 anos a ser implantado gradualmente. Isso significa que em 1972, o Glória implantou a 1ª série e em 1975, a 4ª série. As Irmãs descidiram que era fundamental implantar todo o curso de 1º Grau no Instituto, e assim descidiram implantar a 5 a série em 1976. Por isso, a irmã Bárbara[102] deixou a direção do Mário de Andrade para dedicar-se somente ao projeto do Instituto Glória. A incompatibilidade se dava porque, o Mario de Andrade já ofertava a 5ª série, então não havia como ter a oferta da 5ª série, por instituições diferentes, no msmo prédio. Segundo Severgnini (2020), a transferência dos alunos do CEMA para sua sede própria se deu pelas turmas de 5ª a 8ª séries.

Como indicado, a direção do CEMA, da parte que permanecia no Glória, foi assumida pelo professor Danilo Schiessl, que, segundo o registrado na crônica não "soube corresponder à confiança nele depositada" (Crônica – 2, s/d). Essa afirmação expressou uma crítica das Irmãs ao professor, mas não mencionou que fatos ou situações geraram a quebra da confiança.[103]

---

[102] Na sessão do dia 10 de dezembro de 1975, da Câmara de Vereadores de Francisco Beltrão, o vereador Francisco Pezente solicitou "que constasse nos anais da Casa o reconhecimento pelo trabalho realizado pela Irmã Bárbara Zimermann, que estava se afastando da direção do Colégio Estadual Mario de Andrade" (Legislativo Beltronense, 2002, p. 72).

[103] Em entrevista, o professor Danilo Schiessl fes vários esclarecimentos sobre o funcionamento do Colégio Estadual Mario de Andrade, no Instituto Nossa Senhora da Gloria, mas não mencionou algum conflito que tenha tido com as Irmãs.

Francisco Beltrão teve um rápido crescimento urbano, por isso as necessidades educacionais foram crescendo. Com a formação das primeiras turmas do curso secundário, criou-se a necessidade da implantação do curso superior. Depois de vários estudos e debates, pela lei municipal n. 477, de 17 de outubro de 1974 foi criada a Fundação Faculdade de Ciências Humanas de Francisco Beltrão (FACIBEL) (Francisco Beltão, Lei 477, de 1974). Mesmo sendo criada em 1974, seu funcionamento efetivo, com o início das aulas, só se deu no inicio de 1976, com a oferta dos cursos de Economia Doméstica e Estudos Sociais. Devido a carência de espaços, ainda em 1974, pela Lei municipal n. 476, de 18 de setembro de 1974, a Prefeitura Municipal firmou um contrato de locação com a "Sociedade Brasileira de Instrução Primária", então razão social do Instituto Nossa Senhora da Glória, com duração de 4 anos, a partir do início das atividades, com um valor mensal de um (1) salário mínimo por sala ocupada (Francisco Beltão, Lei 476, de 1974). Como as aulas iniciaram em 1976, a vigência do contrato de aluguel foi a partir dessa data.

Na Revista Jubileu de Prata foi publicado um anúncio da FACIBEL parabenizando o município pelos seus 25 anos. No anúncio apareceu a foto da estrutura do Glória e a seguinte frase: "A FACIBEL tornou-se o terceiro pavimento de uma única construção educacional, que visa a formação do homem, preparando-o para a vida de hoje e amanhã" (Lazier, 1977, p. 62). A frase fez uma analogia considerando o nível superior na formação (3º grau), com sua localização no terceiro pavimento do prédio do Instituto, que era voltada totalmente a educação. Tudo indica que a FACIBEL permaneceu na estrutura do Glória até 1981, quando foi inaugurado sua sede própria.

Com a implantação da 5ª série em 1976, ano após ano, o Instituto Glória incorporou novas séries, até completar todo o curso de 1º grau, no ano de 1979. Conforme indicou Belliato (2023), com a saída definitiva do CEMA, o Instituto Glória pode ampliar seu projeto educacional, de forma autônoma, contando com uma ampla estrutura para promover inovações pedagógicas.

Conforme argumentou Neto em entrevista:

> Houve um tempo em que o Colégio Estadual Mário de Andrade funcionou nas instalações da Escola Nossa Senhora da Glória. Então veja por este motivo, a contribuição que o Glória, as Irmãs Escolares de Nossa Senhora ofereceram para a sociedade de Francisco Beltrão, colocando à disposição a estrutura física do Colégio Glória ao Colégio Estadual Mário de Andrade. Então era muito boa. Eu me lembro sempre,

> nos desfiles de Sete Setembro nas campanhas de vacinas. Vacinava-se em massa com a participação do Colégio. Enfim em todas as outras atividades sócio culturais, o Glória sempre esteve muito bem relacionado com as demais entidades de ensino de Francisco Beltrão não só com as escolas normais, mas também com as escolas de músicas, de arte e todos os afins e, especialmente entre todas as atividades da Igreja Católica (Neto, 2016).

O depoente enfatiza a expressiva presença do Instituto Glória nas atividades e eventos promovidos, não somente acadêmicos, mas também nos momentos de demonstrar o patriotismo pelo país, nos desfiles de Sete de Setembro e até nas questões de saúde pública, no que se referia aos períodos das vacinações para as crianças e a população de modo geral. Era realmente uma instituição aberta a comunidade, que se relacionava com muitos setores e promovia variadas atividades culturais, como escolas de músicas e arte, bem como com a catequese e outros trabalhos desenvolvidos pela Igreja Católica.

Parte dessa grande abertura se dava pela presença das instituições públicas em sua estrutura, pois como demonstramos, o Instituto tinha convênio com o estado e o município, era quase que como uma instituição pública.

A saída do Mario de Andrade do prédio do Instituto Glória, contribuiu para resolver um dos grandes problemas da gestão do Instituto, desde sua fundação em 1952. Estamos nos referindo a questão da cobrança de mensalidades.

Sobre isso, Neide Maria Ramello[104], que trablhou no Instituto por vários anos afirmou o sguinte:

> As irmãs começaram a cobrar mensalidade no momento em que houve uma separação entre Estado e o Colégio das Irmãs. Durante muitos anos as Irmãs tiveram um convênio com o Estado e sediam as salas, mas a direção era de responsabilidade das Irmãs. Então a partir do momento em que o Colégio Estadual Mário de Andrade foi construído onde hoje é o atual que o convênio foi encerrado (Ramella, 2016).

---

[104] Neide Maria Ramello nasceu em 9 de novembro de 1946 em Joaçaba Santa Catarina. Veio morar em Francisco Beltrão no ano de 1962. No início de 1963 começou a estudar no Colégio Nossa Senhora da Glória e concluiu a Escola Normal de grau Ginasial. De 1965 – 1967 estudou na Escola Regina Mundi. Em 1966 trabalhou no Colégio como secretária cedida pelo Estado para trabalhar no período noturno e atuou na escola em torno de uns 10 anos. Depois fez faculdade e continuou trabalhando como professora. Entrevista concedida a Moacir Belliato em 8 de dezembro de 2016.

De fato, a questão das mensalidades se constituíram num grande problema para as Irmãs administrar. Na crônica houve várias menções a esse problema. No início, as Irmãs tiveram muita ajuda da comunidade, os pais pagavam como podiam, uns mais, outros menos e um bom número de famílias nada pagava. Isso se dava pelo fato de haver várias Irmãs que eram pagas pelo Estado ou minicipio para darem aulas na sua própria instituição. Depois vieram os convênios com o Estado pelo pagamento do aluguel de partes do prédio. Isso significava que entrava recursos públicos para arcar com parte das despesas da Instituição, que acabavam beneficiando seus próprios alunos. Mas os alunos das escolas públicas, que estudavam no prédio, não pagavam. Como eram centenas de alunos que passavam pela instituição todos os dias, e de diversas instituições, ficava muito difícil de controlar.

De acordo com a depoente, somente depois da saída do Colégio Estadual Mário de Andrade foi que as Irmãs conseguiram dimensionar esse problema, organizando uma sistemática de cobrança de mensalidades dos pais, considerando os níveis de estudos dos seus filhos. Mas é importante destacar que o Instituto manteve uma política de bolsas para atender alguns alunos carentes.

Conforme registrado na crônica:

> A Escola Nossa Senhora da Glória desenvolveu-se sob a direção da Ir. Letícia Cunha e depois da Ir. Arcélia Maria Paese. O número de alunos cresceu ano após ano em todas as classes do Curso Fundamental - 1° grau e também PRÉ-ESCOLA. A semente que germinou há 25 anos, respectivamente em 30 anos a escola tornou-se CENTRO CULTURAL DA REGIÃO (Crônica – 2, s/d).

Como indicado no fragmento, com a saída do CEMA, o Glória assumiu sua identidade própria e se fortaleceu como instituição educacional, se consolidando como uma Escola confessional/privada. Ao se consolidar como uma Instituição privada se tornou a principal instituição formadora da elite beltronense.

Com evidenciado, o Instituto Nossa Senhora da Glória estava muito integrado na sociedade, graças aos trabalhos coordenados e desenvolvidos pelas diversas Irmãs que passaram pela direção da Instituição. O Instituto Glória esteve presente em momentos importantes da sociedade beltronense, colaborando, da forma que era possível, em diversas ações sociais e eventos culturais, religiosos e educacionais. Conforme Neto, (2016):

> O Glória cumpriu um papel muito importante na formação
> intelectual das pessoas, do caráter e no ensinamento. Então
> eu reafirmo que a história de Beltrão e a história do Colégio
> Nossa Senhora da Glória, que no meu tempo se chamava
> Instituto Nossa Senhora da Glória se confundem. A história
> de Francisco Beltrão e do Colégio Nossa Senhora da Glória
> andam juntas. Tenha certeza absoluta que todos os alunos que
> passaram entre as décadas de 1950 a 1980 tiveram marcados
> na sua personalidade ensinamentos da Escola Nossa Senhora
> da Glória e na de muitos que fizeram o ensino médio, na
> sequência em Francisco Beltrão (Neto, 2016).

Estamos de acordo com o depoente sobre o importante papel que o Instituto Nossa Senhora da Glória desempenhou Francisco Beltrão, não só no perído recortado, mas posteriormente. O Instituto formou a eleite beltronense, mas também teve relevância significativa na formação das classes populares da cidade e região, devido as parcerias com o Estado, o Municipio e a comunidade.

Como afirmado por Neto, não tem como distanciar a história da educação do município, da história do Instituto Nossa senhora da Glória. Seu papel foi muito relevante desde o Jardim de Infância até o curso superior. O Instituto, certamente deixou boas recordações, principalmente naqueles que tiveram a oportunidade de passarem pela instituição, na condição de alunos ou professores.

A partir dos registros encontrados no Instituto Nossa Senhora da Glóri organizamos um quadro com os nomes das respectivas Irmãs Escolares que passaram pela Direção do Instituto Nossa Senhora da Glória entre 1952-1984.

Quadro 10 Irmãs Escolares que foram diretoras do Instituto Nossa Senhora da Glória em Francisco Beltrão entre 1952-1984.

Ano	Direção
1952-1958	Irmã Maria Alix Bento
1959-1964	Irmã Maria Boaventura Gress
1965-1968	Irmã Bárbara Zimmermann
1969-1974	Irmã Letícia Almeida Cunha
1975-1984	Irmã Arcélia Maria Paese

Fonte: Acervo do Instituto Nossa Senhora da Glória.

O trabalho delas foi central na construção da identidade da instituição e no projeto educacional das irmãs Escolares em Francisco Beltrão, no período aqui analisado.

Reproduzimos a seguir uma fotografia da Irmã Bárbara Zimmermann e Irmã Letícia Almeida Cunha, que foram diretoras do Instituto Nossa Senhora da Glória, a primeira entre 1965-1968 e segunda entre 1969-1974.

Fotografia 35 Irmã Bárbara Zimmermann e Irmã Letícia Almeida Cunha.

 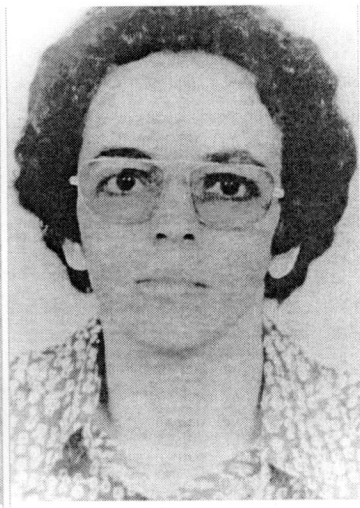

 Ir. Bárbara Zimmermann — Ir. Letícia Almeida Cunha

Fonte: Instituto Nossa Senhora da Glória. Álbum Histórico.

Neste capítulo, demonstramos a influência/papel que o Instituto Nossa Senhora da Glória exerceu na instalação de escolas no município de Francisco Beltrão e na região. Bem como os esforços, a participação e as parcerias celebradas entre Instituto, o Estado, o município e a comunidade para garantir a criação de cursos primários, ginasiais e colegegiais, especialmente aos direcionados para a formação de professores, visando suprir as necessidades do município e região. Ficou evidente a participação e a importância do Instituto no processo de escolarização do município de Francisco Beltrão e região.

CONSIDERAÇÕES FINAIS

O percurso seguido por esta obra procurou revelar o caminho percorrido pela Congregação das Irmãs Escolares de Nossa Senhora, desde seu surgimento na Alemanha, 1833, sua expansão pelo mundo até sua chegada ao Brasil em 1935, mas mais especificamente no Estado de Sãos Paulo, em 1937, e de lá até vila Marrecas/Francisco Beltrão, em 1951. A partir da chegada definitiva em Francisco Beltrão, em 1952, procuramos analisar os tempos e ccontratempos vivenciados para a constituição do Instituto Nossa Senhora da Glória, no período de 1952-1982, tempo decorrido para o Instituto construir sua identidade e autonomia, no campo educacional, em Francisco Beltrão e região.

Nesse percurso procuramos responder várias indagações, algumas previamente definidas e outras que foram surgindo, na medida em que fomos analisando, documentos, e interpretações sugeridas pela bibliografia ou pelos depoimentos colhidos. Questões tipo: qual situação da educação em Francisco Beltão no memento da chegada das Irmãs? Como foi o recebimento da comunidade local para com a comunidade religiosa? Qual o envolvimento das Irmãs Escolares no setor educacional da cidade e região? Que tipos de apoio/suporte/parcerias as Irmãs tiveram para levar em frante seus projetos na região? Quais eram as condições de vida da população que vivia na região naquele período? Para responder estas e outras indagações fizemos uma análise documental, bibliográfica e dos depoimentos colhidos a partir da metodologia da História Oral.

No capítulo primeiro evidenciamos a iniciativa de Madre Maria Teresa Gerhardinger, com suas companheiras para fundar uma ordem religiosa, voltada a formação de meninas, visto que na época, na própria Alemanha, bem como outros países da Europa ainda se ofereciam poucas oportunidades educacionais para as meninas. O projeto original estabeleceu que se deveria abrir com poucas membras e criar casas escolares, inseridas nos locais mais pobres. Madre Maria Teresa entendia que as mulheres deveriam ter independência. Como indicou Oesthel, "Dentro do contexto da história da Igreja, Madre Teresa foi uma importante pedagoga no século XIX" (2012, p. 30).

Com a instituição do estado totalitário, imposto pelo partido político de Hitler, o projeto das Irmãs Escolares de Nossa Senhora foi desconsiderado pelas novas autoridades alemãs. Diante das perseguições aos institutos religiosos, uma parte significativa de religiosas teve que abandonar sua pátria. Vale lembrar que elas foram expulsas de sua pátria porque não seguiram as orientações do novo regime que era extremamente intolerante com as entidades religiosas, tanto católicas quanto protestantes. O Brasil foi o destino de muitos religiosos europeus naquele período.

A chegada das Irmãs em terras brasileiras não aconteceu de forma muito tranquila. Quando as Irmãs chegaram ao Brasil, encontraram outra situação do ponto de vista político. O presidente do Brasil era Getúlio Vargas e o país vivia um período de ditadura (Estado Novo) e de forte nacionalismo. O sistema capitalista atravessava uma crise generalizada, em esfera global e o povo dos países periféricos era o que mais sofria. Mas como no Brasil havia uma boa relação entre Estado e Igreja, não enfrentaram tanta resistência, até porque, a grande maioria das ordens religiosas tinha o trabalho voltado para as pessoas mais carentes, e este público era o que mais sofria pela falta de políticas públicas fomentadas pelo estado.

Uma parte muito significativa das políticas assistências eram promovida pelas igrejas. Devido a grande demanda, as dioceses procuravam trazer para seus territórios ordens religiosas, buscando somar forças na missão de levar a diante o projeto da cristandade católica, mediante a inserção delas instituições hospitalares, assistenciais, educacionais e em trabalhos catequéticos.

As Irmãs Escolares, portanto, se inseriram dentro de um projeto de Reforma Católica comandado pelos bispos brasileiros sob orientação da Cúria Romana. Se na Europa, naquele período, a Igreja perdeu bastante espaço, aqui ela tinha condições de se expandir e se consolidar. Para tanto, seria fundamental reformar em primeiro lugar, o clero, oferecendo aos padres uma formação intelectual adequada para trabalharem com as lideranças populares. Em seguida seria importante preparar bem as crianças, os jovens e os adultos com uma formação catequética melhor, com a fundação de escolas e Colégios Católicos, tanto femininos quanto masculinos. Em outras palavras, a vinda de congregações religiosas masculinas e femininas foi incentivada pela Igreja para difundir o catecismo e evitar a expansão das igrejas protestantes.

A maioria das ordens religiosas que se instalaram no Brasil tiveram uma rápida ascensão, com a abertura de novas casas. Isso foi o que aconteceu com as Irmãs Escolares, que em pouco tempo já tinham aberto várias casas no interior do Estado de São Paulo e Minas Gerais, com religiosas vindas da Alemanha. Todavia, para a ordem prosperar no Brasil, era preciso aumentar os quadros com religiosas brasileiras, ou seja, precisava atrair meninas e moças para ingressar na congregação. O problema era que na região, de São Paulo e Minas, não havia muitas candidatas, visto que, por lá já havia muitas ordens religiosas instaladas. A saída foi buscar vocações no Sul do Brasil.

Foi com esse propósito que as Irmãs viajaram para a Santa Catarina e Paraná, em 1951, chegando até Vila Marrecas/Francisco Beltrão. A comunidade local recebeu elas com muita alegria. Frei Deodato, que erá o padre que atendia a região, também era alemão e se empenhou em criar condições para a vinda das Irmãs para a região. Com esse intuito reuniu alguns membros da comunidade para tomar medidas para viabilizar a vinda das irmãs. De imediato, acertaram a aquisição de 10 terrenos, na área central da vila e iniciaram as arrecadações para construir a casa para as religiosas, no início de 1952.

Em 1952, ao chegarem em definitivo em Francisco Beltrão, se instalaram de forma provisória e iniciaram o trabalho catequético e esducacional numa antiga casa de comércio, transformada em escola, no mês de fevereiro daquele ano. As matrículas de alunos foram tantas que precisaram utilizar outros espaços improvisados. A alternativa inicial encontrada pela comunidade foi a construção de um salão comunitário que servisse de casa e escola até que fosse possível construir a sede própria.

Na luta pela construção do Instituto, as Irmãs receberam a proposta de construir a sede num terreno cedido pela CANGO, que, além do terreno se comprometeu a doar a terraplanagem, a madeira, pregos, ficando as Irmãs responsáveis pelo pagamento da mão de obra. A construção do Instituto na CANGO não foi uma tarefa simples, pois a CANGO não cumpriu com o que havia prometido inicialmente. Isso obrigou as Irmãs, juntamente com a comunidade, a buscar recurso de diversas formas. Foi necessário companha para arrecadar doações, promoção de festas, busca de recursos junto a congregação e funanciameneto público, entre outros.

A transferência da escola para a CANGO, numa construção ampla e espaçosa foi motivo de muita alegria, todavia, a mudança gerou descontentamentos de alguns pais, principalmente dos que tinham filhos pequenos, que moravam no centro da cidade. A partir das pressões desses pais e com a eminência da extinção da CANGO, as irmãs resolveram iniciar a construção de uma estrutura provisória em 1958, para atender o Jardim de Infância, no centro da cidade.

Em 1958 e 59, as Irmãs receberam convites para abrir casa/escola nas vilas de Dois Vizinhos, Enéas Marques e Nova Concórdia. As Irmãs aceitaram o desafio e ajudaram a criar escolas nessas localidades, pois o Estado era praticamente ausente e, quando atndia era de forma precária. Por isso, sob a influência das Irmãs, outras escolas comunitárias foram criadas na região. Por opção da congregação, as Irmãs se retiraram das escolas de Nova Concórdia, Enéas Marques e Dois Vizinhos em 1969 e concentrarm todos os esforços no Instituto de Francisco Beltrão.

Com uma ampla estrutura física na CANGO, as irmãs passaram a atuar, em parceria com o Estado, na criação de instituições educacionais para além do ensino primário. Foi nesse sentido, que em 1959, as Irmãs Escolares, deram uma grande contribuição para coma educação regional, com a criação da primeira Escola Normal, em nível Ginasial, para formar os professores regentes do ensino. Esta escola foi importante para o município de Francisco Beltrão e para região, pois formou várias professoras que começaram a suprir as necessidades locais.

Depois de consolidada a Escola Normal de Grau Ginasial, as Irmãs se empenharam para implantar a Escola Normal Colegial Estadual Regina Mundi, para formar professores primários, em nível colegial. Essa Escola também deixou contribuições na formação de professores, pois formava profissionais capazes de pensar e refletir sobre o papel do ensino primário.

Em 1964, as Irmãs resolveram iniciar a construção da sede própria, na Rua Tenente Camargo. Como já tinham mobilizado a comunidade para a construção do prédio da CANGO, não havia mais como fazer grandes campanhas populares em apoio ao projeto, por isso, as Irmãs recorreram as entidades católicas da Alemanha, que financiavam projetos educacionais em diversas partes do mundo. A construção da nova sede foi outra batalha que contou com o apoio da comunidade, do Estado, mas principalmente com financiamentos de entidades católicas da Alemanha. A construção da obra se deu em duas partes. O bloco A foi construído de 1964 até 1967 e o bloco C em 1968-1969.

Com a conclusão do bloco A, as Irmãs passaram a contar com uma ampla estrutura física, voltada a setor educacional. A obra chamou a atenção das autoridades educacionais do Estado, levando-os a propor o aluguel da estrutura para abrigar o Ginásio Estadual de Francisco Beltrão, que funcionava de forma provisório no Grupo Escolar Supricy. Além de pagar o aluguel, o Estado ofereceu a direção do Ginásio para as Irmãs. A proposta foi aceita pela Irmãs e com isso, o Ginásio Estadual pode atender um número maior de alunos.

Com a conclusão do bloco C, as Irmãs passaram a contar com mais espaço. Com isso, foi possível a transferência da Escola Normal Regina Mundi e a criação do curso científico, transformando o Ginásio Estadual no Colégio Estadual Mario de Andrade. Com a conclusão das primeiras salas de aula na sede atual do Colégio Mario de Andrade, a parir de 1974, os alunos da rede estadual começaram a deixar de frequentar as salas do Instituto Nossa Senhora da Glória, mas a mudanção total só ocorreu no final de 1977.

A Lei 5692/71 criou o curso de 1º Grau, com duração de 8 anos, que passou aser implantado gradualmente a partir de 1972. Até então o Instituto Glória só ofertava o ensino até a 4ª serie, mas com base no que previa a referida Lei, o Instituto pleiteou junto ao Estado o direito de passar a ofertar a 5ª serie a parir de 1976, completndo o curso de 1º Grau em 1979. Ao chegar aos 30 anos de história o Instituto Nossa Senhora da Glória se transformou num Centro Cultural Da Região, como enfatizado na crônica.

Depois dessa breve síntese história sobre as lutas, desafios e conquistas que as Irmãs, do Instituto Nossa Senhora da Glória, vivenciaram nos primeiros 30 anos de história dessa conceituada instituição educacional de Francisco Beltrão, chamamos a atenção para os seguintes aspectos.

Não temos dúvidas em afirmar que o Instituto Nossa Senhora da Glória contribuiu, decisivamente, no processo de escolarização de Francisco Beltrão e região ao construir uma grande estrutura educacional, que abrigou as Escolas Normais, o Ginásio Estadual e o Colégio Mario de Andrade. Além disso foi o responsável pela criação de escolas de referência em Dois Vizinhos, Enéas Marques e Nova Concordia.

Outra clara evidência foi o grande apoio que as Irmãs tiveram da comunidade local e dos poderes públicos, para levar em frente o projeto educacional, carisma principal da Congregação, fundada pela Madre Maria Teresa.

Ficou evidente também que as parcerias estabelecidas com a comunidade, a CANGO, o município e o Estado transformaram o Instituto, desde o início, em referência educacional em Francisco Beltrão e região. Ao abrigar as escolas públicas, de grau ginasial e colegial e superior, certamente os melhores professores trabalharam na Instituição, e mesmo não sendo professores do Instituto, colaboraram para engrandecer o nome da Instituição.

O fato de as Irmãs receberem e dirigirem instituições públicas na sua estrutura educacional foi fundamental para a construção da identidade do Instituto Nossa Senhora da Glória na cidade e região. Se por um lado, o Estado foi beneficiado pelo aluguel do prédio, podendo protelar os investimentos na construção de escolas, pelo outro, as Irmãs se beneficiaram dos recursos públicos aplicados, da qualificação dos professores, do fluxo de alunos, fazendo com que, de fato, o Instituto se tornasse o principal Centro Cultural da Cidade e Região.

Por fim destacamos a dialética vivenciada na relação do Instituto Nossa Senhora da Glória com a comunidade e os poderes públicos locais. O carisma das Irmãs, aliado as características daquela sociedade foi condição para a criação e desenvolvimento da instituição escolar Nossa Senhora da Glória, ou seja, o Glória foi/é condição de existência daquela sociedade. Como na sociedade havia/há interesses conflituosos ou contraditórios, devido a divisão de classes, ficou explicito naquela relação, que os investimentos comunitários e públicos foram fundamentais para construir uma instituição de referência, o Glória, que ao conquistar sua autonomia, se constituiu na principal instituição formadora da elite local e regional, excluindo da formação, majoritariamente as classes populares.

Isto posto, esperamos que esta obra desperte outros pesquisadores, que se dediquem a aprofundar os estudos sobre o Instituto/Colégio Nossa Senhora da Glória ou outras escolas da região. Temos muito ainda para conhecer/compreender sobre a história do Gloria e da educação regional.

Temos ciência de que conhecer a história educacional regional, é uma condição fundamental para garantir os avanços na qualidade da educação, visando a transformação social.

REFERÊNCIAS

ARNS, Irmã M. Helena. **A Bem Aventurada Maria Teresa de Jesus Fundadora da Congregação das Irmãs Escolares de Nossa Senhora,** 2ª Edição, Formsul Editora e Gráfica, Forquilnha - SC, 2012.

ASSESOAR. Revista Combota. Edição Especial 50 anos. Francisco Beltrão: ASSESOAR, ano 42, n. 271, 2016. Disponível em: https://assesoar.org.br/dados/Revista%20Cambota_Assesoar271.pdf Acesso em 25 de junho de 2024.

AZZI, Riolando. **A Cristandade Colonial:** Um Projeto Autoritário, Edições Paulinas, São Paulo, 1987.

AZZI, Riolando. **O Altar Unido ao Trono: Um Projeto Conservador,** Edições Paulinas, São Paulo, 1992.

AZZI, Riolando. **História da Igreja no Brasil: Terceíra Época – 1930 – 1934,** Vozes, Petrópolis – RJ, 2008.

BELLIATO, Moacir da Costa e CASTANHA, André Paulo, A Escola Normal Colegial Estadual Regina Mundi - 1965-1976: Primeiros Apontamentos sobre a formação de professores primários em Francisco Beltrão-PR. **Faz Ciência,** vol. 18, n. 27, jan/jun de 2016, p. 191-212.

BELLIATO, Moacir da Costa. **O colégio Nossa Senhora da Glória e o processo de escolarização no município de Francisco Beltrão-PR (1951-1982).** 165f. Dissertação (Mestrado). Programa de Pós-graduação Stricto Sensu em Educação. Universidade Estadual do Oeste do Paraná, Francisco Beltrão - PR, 2017.

BELLIATO, Moacir da Costa. **O Colégio Estadual Mário De Andrade e seu papel histórico regional no ensino de Geografia no período de 1964 A 1982.** 170 f. Tese (Doutorado) Programa de Pós-graduação em Geografia. Universidade Estadual Do Oeste Do Paraná, Francisco Beltrão – PR, 2023.

BELLIATO, M. da C., & CASTANHA, A. P. O Instituto Nossa Senhora da Glória e a escolarização em Francisco Beltrão-PR e região (1952-1982). **Revista Diálogo Educacional,** 22(73), 2022. https://doi.org/10.7213/1981-416X.22.073.DS09

BIDO, Fábio Júlio. **A escolarização do Sudoeste do Paraná entre 1890 e 1930.** 2021. Dissertação (Mestrado em Educação). Universidade Estadual do Oeste do Paraná, Francisco Beltrão, 2021.

CASTANHA, André Paulo. **Edição Crítica da Legislação Educacional Primária do Brasil Imperial: a legislação geral e complementar referente à Corte entre 1827 e 1889.** Francisco Beltrão: UNIOESTE, Campinas: Navegando Publicações, 2013.

CATTELAN, Carla. **Educação rural no município de Francisco Beltrão entre 1948 a 1981:** a Escola Multisseriada. Francisco Beltrão - PR: Universidade Estadual do Oeste do Paraná - UNIOESTE, 2014. (Dissertação de mestrado em Educação).

CONCEIÇÃO, Machado. Cortelini, Caroline, **Práticas e Representações da Institucionalização da Infância: Bebês e Crianças Bem Pequenas na Creche em Francisco Beltrão – PR (1980 - 1990):** Universidade do Vale Rio dos Sinos – UNISINOS, São Leopoldo, 2014. (Tese de Doutorado).

CRUZ, Afonso de Santa. **A Carolina do Danúbio** 5ª Edição, Edições Rosário, Curitiba 1992.

DAGOSTIN, Júlia Eduarda; CASTANHA, André Paulo. Livro Diário de Congregações Religiosas como Fonte para a História da Educação. EDUCERE - Revista da Educação da UNIPAR, [S. l.], v. 24, n. 3, p. 33–49, 2024. DOI: 10.25110/educere. v24i3.2024-11252. Disponível em: https://revistas.unipar.br/index.php/educere/ article/view/11252. Acesso em: 1 nov. 2024.

DIEL, Paulo, F. **Religião e Religiosidade:** A Contribuição dos Franciscanos no Desenvolvimento Religioso, Cultural, Político e Econômico de Palmas e Região (1903 – 1958), Editora da Assembleia Legislativa do Paraná, Curitiba, 2004. ((Dissertação de Mestrado).

DIX, Irmã Benilda. **O Amor não Pode Esperar.** Edições Paulinas, São Paulo - SP, 1993.

EBY, Frederick. **História da Educação Moderna:** Sec. XVI/XX teoria, organização e prática educacionais. 5ª ed. Porto Alegre: Editora Globo, 1978.

FIORESE, Gilmar, **A Mulher e os Conflitos Sociais no Sudoeste do Paraná (1943- 1962).** UNESP/ASSIS-SP E UNICENTRO/GUARAPUAVA-PR, Guarapuava, 2000. (Dissertação de Mestrado em História).

FREGONESE, Vera Lúcia. Uma Instituição Escolar na Vila Marrecas (1952-1953). *In:* BONAMIGO, *et al.* (org.). **História e Territórios:** diversidades de abordagens e domínios. Francisco Beltrão – PR: Editora Jornal de Beltrão, 2012, p. 250 - 265.

FREITAS, Sônia Maria. **História Oral Possibilidades e Procedimentos.** Humanitas, São Paulo, 2002,

EMER, Ivo. O **Desenvolvimento Histórico do Oeste do Paraná e a Construção da Escola**, Rio de Janeiro, 1991.

GEMI, Cassiane. **A primeira escola de formação de professores em Pato Branco e o desenvolvimento econômico, social e educacional da região sudoeste do Paraná: 1960-1986**. Curitiba: Pontifícia Universidade Católica do Paraná, 2012. (Dissertação mestrado em Educação).

HOLANDA, Aurélio Buarque. **Novo Aurélio, O Dicionário da Língua Portuguesa,** Nova Fronteira, São Paulo, 1999.

HUFFNER, Pierre. **Teresa Gerhardinger, Corajosa Mulher de Fé e de Visão Mundial,** Editions du Signe, Lingolsheim - Strasbourg - France - 1979.

JORNAL DE BELTRÃO. Morre, aos 82 anos, irmã Álix. Francisco Beltrão: JB, 01/02/2011. Disponível em: https://jornaldebeltrao.com.br/geral-arquivo/morre-aos-82-anos-irma-alix/ Acesso em 20 de junhho de 2024.

JORNAL DE BELTRÃO. Ela despertou cedo para a vocação religiosa. Francisco Beltrão: JB, 03/12/2011. Disponível em: https://jornaldebeltrao.com.br/geral-arquivo/ela-despertou-cedo-para-a-vocacao-religiosa/ Acesso em 20 de junhho de 2024.

JORNAL DE BELTRÃO **Entrevista com Neusa Paiano Javoriski,** em 30 de novembro de 2014, p. 3A. Francisco Beltrão, 2014.

LAZIER, Hermógenes. Francisco Beltrão: 25 anos de lutas, de trabalho e de progresso. **Revista Jubileu de Prata** - Francisco Beltrão Edição Histórica. Francisco Beltrão - PR: Editora Folha do Sudoeste LTDA, s/d.

LAZIER, Hermógenes, **Escola Nossa Senhora da Glória, "A Semente que Germinou".** Francisco Beltrão – PR: Grafisul – 1982.

LAZIER, Hermógenes. **Análise Histórica da Posse da Terra no Sudoeste Paranaense.** 2ª ed. Francisco Beltrão: Grafit, 1998.

LOPES, Sérgio. **O Território do Iguaçu no contexto da "Marcha para Oeste".** Cascavel: Edunioeste. (Coleção Thésis), 2002.

MARTINS, Rubens, S. **Entre Jagunços e Posseiros,** 1ª Edição, Curitiba, 1986.

MEIHY, José Carlos Sebe Bom. **Manual de História Oral,** 5ª edição, Edições Loyola, São Paulo, 2005.

MICHAELIS, **Moderno Dicionário de Língua Portuguesa,** Companhia Melhoramentos, São Paulo, 1998

MIGUEL, Maria Elisabeth Blanck. **A formação do professor e a organização social do trabalho.** Curitiba: Editora da UFPR, 1997.

NELSON, Saily Ann. **MADRE TERESA, Mulher de Visão, Grupo Interprovincial de pesquisa sobre a herança, Gráfico "Design" pelas gráficas franciscanas em colaboração com a Faculdade de Notre Dame de Maryland, Baltimore,** Maryland 31 de julho de 1979, Editora Gráfica Metrópolis, Porto Alegre, RS, s/d.

NIEDERHARTMANN, Luiz Carlos. **Das Matas Primitivas a Pólo de uma Região: Abordagem Histórica.** Francisco Beltrão - PR: UNICENTRO, 1986.

NOSELLA, Paolo e BUFFA, Ester. **Instituições Escolares: por que e como pesquisar.** 2. ed. Campinas: Alínea, 2013.

NURMBERG, Maricélia Aparecida. *História do município de Enéas Marques – 1960 a 1992: das escolas rurais à nuclearização.* 2017. Dissertação (Mestrado em Educação). Universidade Estadual do Oeste do Paraná, Francisco Beltrão, 2017.

PADIS, Pedro Call. **Formação de uma economia periférica:** o caso do Paraná, Editora Hucitec, São Paulo, 1981.

PEDRON, Flávio César. **Deodato Bernhart**: o frei missionário. Francisco Beltrão/ PR: Editora Jornal de Beltrão, 2022.

OLIVEIRA, Vilson Jaques de. **O Ensino Primário no Sudoeste do Paraná entre 1930 e 1952:** criação, difusão e organização. 2022. Dissertação (Mestrado em Educação). Universidade Estadual do Oeste do Paraná, Francisco Beltrão, 2022.

OLIVEIRA, Vilson Jaques; CASTANHA, André Paulo O Ensino Primário no Sudoeste do Paraná na Primeira Metade do Século XX: da informalidade à formalidade In: UMBELINO, J. D.; MARQUES, S. M. S.; MARTINS, S. A. **Educação e pesquisa:** 10 anos do PPGE Unioeste/FB.1 ed. Curitiba: CRV, 2022, v.1, p. 123-145.

OESTHEL, Madre Charlotte. Superiora Provincial, **Maria Teresa Gerhardinger, Pedagoga do Século XIX,** Editora Sadifa Media, Munique - Alemanha, 2012.

PEGORARO, Ivo Antonio. *Sudoeste Político.* 3. ed. Francisco Beltrão: Jornal de Beltrão, 2018.

RICHARD, Lionel. **A vida Cotidiana na República de Weimar,** 3ª Reimpressão, Companhia das Letras, 1988.

SBARDELOTTO, Denise Kloeckner; CASTANHA, André Paulo. A pesquisa em história da educação no sudoeste do Paraná: análise e perspectiva. **Revista de História e Historiografia da Educação**, Curitiba, v. 2, n. 4, p. 189-213, jan/abr. 2018.

PREFEITURA Municipal De Francisco Beltrão. Secretaria Municiapla de Educação. **Histórias Geografia:** Educando com o Coração. Francisco Beltrão: SMED, 2002.

SEVERGNINI, Alisson Fernando. **O Colégio Estadual Mário de Andrade de Francisco Beltrão:** da Fundação à Consolidação na Formação Secundária entre 1964 e 1982. 157f. Dissertação (Mestrado) – Programa de Pós-graduação Stricto Sensu em Educação. Universidade Estadual do Oeste do Paraná, Francisco Beltrão - PR, 2020.

TRIVINOS, Augusto. N.S. **Introdução à Pesquisa em Ciências Sociais:** A pesquisa qualitativa em educação: São Paulo, Atlas S.A, 1992.

WACHOWICZ, Ruy. **História do Paraná,** Imprensa Oficial do Paraná, Curitiba, 2002.

WEISZFLOG, Walter, **Michaelis Moderno Dicionário de Língua Portuguesa**, São Paulo: Companhia Melhoramento, 1998.

WERLE, Flávia Obino Correa. História das instituições escolares: de que se fala? *In:* LOMBARDI, José Claudinei e Maria Isabel Moura Nascimento (org.). **Fontes, História e Historiografia da Educação,** Campinas: Autores Associados, 2004, p. 13-36.

WERNET, Augustin. **As IENS Rompendo Fronteiras,** Vol. 1. Induspian Indústria Gráfica LTDA, São Paulo 2002.

Fontes documentais

BRASIL. Decreto-Lei nº 8.529, de 2 de janeiro de 1946. **Lei Orgânica do Ensino Primário**. Rio de Janeiro: Diário Oficial da União - Seção 1 - 4/1/1946, Página 113. Disponível em: http://www2.camara.leg.br/legin/fed/declei/1940-1949/decreto-lei-8529-2-janeiro-1946-458442-publicacaooriginal-1-pe.html.

BRASIL. Decreto-lei nº 8.530, de 2 de janeiro de 1946. **Lei Orgânica do Ensino Normal**. Rio de Janeiro: Diário Oficial da União - Seção 1 - 04/01/1946, Página

116. Disponível em: http://www2.camara.leg.br/legin/fed/declei/1940-1949/ decreto-lei-8530-2-janeiro-1946-458443-publicacaooriginal-1-pe.html.

BRASIL. Lei Nº 4.024, de 20 de dezembro de 1961. **Fixa as Diretrizes e Bases da Educação Nacional**. Rio de Janeiro: Diário Oficial da União - Seção 1 - 27/12/1961, Página 11429. (Coleção de Leis do Brasil - 1961, Página 51 Vol. 7 Publicação Original). Disponível em: http://www2.camara.leg.br/legin/fed/lei/1960-1969/ lei-4024-20-dezembro-1961-353722-publicacaooriginal-1-pl.html.

BRASIL. Lei nº 5.692, de 11 de agosto de 1971. **Fixa Diretrizes e Bases para o ensino de 1° e 2° graus, e dá outras providências**. Brasília. Coleção de Leis do Brasil de 1971, vol. 5. Publicado no Diário Oficial da União - Seção 1 em 12/8/1971, p. 6377. Disponível em: http://www2.camara.leg.br/legin/fed/lei/1970-1979/ lei-5692-11-agosto-1971-357752-publicacaooriginal-1-pl.html.

CONGREGAÇÃO das Irmãs Escolares de Nossa Senhora. **Madre Teresa e os Desafios da Educação**. III Encontro Interprovincial de Educação das Irmãs Escolares da América do Sul, Porto Alegre, fevereiro de 1999.

CRÔNICA DO INSTITUTO Nossa Senhora da Glória -1. Francisco Beltrão: Arquivo do Colégio Nossa Senhora da Glória, s/d (Documento manuscrito).

CRÔNICA DO INSTITUTO Nossa Senhora da Glória -2. Francisco Beltrão: Arquivo do Colégio Nossa Senhora da Glória, s/d (Documento mimeo).

ESCOLA DE 2° GRAU Roberto Antônio Croda. **Regimento Interno**. Francisco Beltrão: Arquivo do Colégio Estadual Mário de Andrade – CEMA, s/d. Mimeo.

ESCOLA NORMAL Colegial Estadual Regina Mundi, **Regimento Interno**. Francisco Beltrão: Arquivo do Colégio Estadual Mário de Andrade – CEMA, s/d. Mímeo.

ESCOLA NORMAL Ginasial e Colegial Estadual Regina Mundi. **Livro de Registro de Diplomas**. Francisco Beltrão: Arquivo do Colégio Estadual Mário de Andrade – CEMA. (Documento manuscrito).

ESCOLA NORMAL Colegial Estadual Regina Mundi, **Livro de Atas**. Ata n.1 de 28/12/1965. Francisco Beltrão: Arquivo do Colégio Estadual Mário de Andrade. (Documento manuscrito).

INSTITUTO Nossa Senhora da Glória. Álbum Histórico da Fundação. Francisco Beltrão. Arquivo Colégio Nossa Senhora da Glória, s/d.

INSTITUTO Nossa Senhora da Glória. **Livro de Atas.** Ata n. 1 de 7/10/1951. Francisco Beltrão: Arquivo Colégio Nossa Senhora da Glória (Documento Manuscrito).

LEGISLATIVO BELTRONESE: 50 Anos de História. Francisco Beltrão: Editora Jornal de Beltrão/Grafisul, 2002.

LEGISLATIVO e História Francisco Beltrão Paraná. Francisco Beltrão: Câmara de Vereadores/Berzonl, 2011. (Caderno de divulgação do poder legislativo)

O DOCUMENTO Syllabus (1864) do Papa Pio IX. Disponível em: https://crernapalavra.blogspot.com/2016/02/o-documento-syllabus-1864-do-papa-pio-ix.html Acesso em 20 de junho de 2024.

PARÓQUIA de Dois Vizinhos. **Livro Tombo** de 1970. Dois Vizinhos. Arquivo paroquial.

PARANÁ. Decreto nº 435, de 26 de janeiro de 1946. Regulariza o ensino primário público no Estado. Curitiba: Diário Oficial do Paraná de 05 de fevereiro de 1946.

PARANÁ. Lei n. 1.363 de 26 de outubro de 1953. **Autoriza o Poder Executivo a abrir um crédito de Cr$ 200.000,00, destinado a auxiliar o Instituto Nossa Senhora da Glória, no município de Francisco Beltrão, para construção de sua sede própria.** Curitiba: Diário Oficial nº. 189 de 29 de outubro de 1953. Disponível em: http://www.legislacao.pr.gov.br/legislacao/pesquisarAto.do?action=exibir&codAto=14997&indice=1&totalRegistros=12.

PARANÁ. Lei n. 1511 de 1 de dezembro de 1953. **Cria em Clevelândia, o Curso Normal Regional.** Palácio do Governo em Curitiba, em 1º de dezembro de 1.953. Publicado no Diário Oficial nº. 221 de 7 de dezembro de 1953. Disponível em: http://www.legislacao.pr.gov.br/legislacao/pesquisarAto.do?action=exibir&codAto=15470&indice=1&totalRegistros=17.

PARANÁ. Lei n. 1722, de 14 de janeiro de 1954. **Autoriza o Poder Executivo a abrir um crédito especial de Cr$ 2.000.000,00, destinado a instalação de Luz e Fôrça na cidade de Francisco Beltrão.** Curitiba: Diário Oficial nº. 249 de 18 de janeiro de 1954. Disponível em: https://www.legislacao.pr.gov.br/legislacao/pesquisarAto.do?action=exibir&codAto=14770&indice=1&totalRegistros=9&dt=15.5.2024.8.38.0.973 Acesso em 15 de junho de 2024.

PARANÁ. **Mensagem apresentada à Assembleia Legislativa do Estado do Paraná por ocasião da sessão legislativa ordinária de 1958 pelo senhor Moysés Lupion, governador do Estado.** Curitiba, 1958.

PARANÁ. Secretaria de Educação e Cultura. Portaria n. 873 de 15 de março de 1962. **Institui normas para a fixação de currículos nos estabelecimentos estaduais de ensino médio e dá outras providências.** Curitiba: Secretaria de Educação e Cultura, caderno 2, 1962.

PARANÁ. Lei n. 4.832 de 22 de fevereiro de 1964. **Declara de utilidade pública o Patronato Santo Antônio, de São José dos Pinhais e o Instituto Nossa Senhora da Glória, de Francisco Beltrão.** Curitiba: Diário Oficial n°. 290 de 25 de fevereiro de 1964. Disponível em: http://www.legislacao.pr.gov.br/legislacao/pesquisarAto.do?action=exibir&codAto=10567&indice=1&totalRegistros=9

PARANÁ. Lei n. 4978, de 05 de dezembro de 1964. **Estabelece o sistema estadual de ensino.** Curitiba: Diário Oficial n°. 242 de 26 de dezembro de 1964. Disponível em: http://www.legislacao.pr.gov.br/legislacao/pesquisarAto. do?action=exibir&codAto=12350&indice=1&totalRegistros=3.

PARANÁ. Portaria n. 20, de 15 de janeiro de 1968. **Dispões sobre a extinção e transformação de Escolas Normais Ginasiais Estaduais.** Curitiba. Diário Oficial n. 261, de 15 de janeiro de 1968. *In:* Coletânea da Legislação Estadual de Ensino de 1968. Vol 2°. Curitiba: FUNDEPAR, 1968, p. 20-22.

PARANÁ. Colégio Estadual Mario de Andrade. **Planejamento prévio**: primeiro complexo – Colégio Estadual Mario de Andrade, Instituto Nossa Senhora da Glória e Grupo Escolar Beatriz Biavatti, 1973. Francisco Beltrão – PR: Arquivo do CEMA. (Livro encadernado mimeo).

PARANÁ. Colégio Estadual Mario de Andrade. **Projeto Político Pedagógico de 2011.** Francisco Beltrão: CEMA, 2011.

PREFEITURA Municipal de Francisco Beltrão. Lei n. 476, de 18 de setembro de 1974. **Autoriza o Executivo Municipal a firmar contrato de locação do prédio, cito à rua Tenente Camargo n. 1560, desta cidade e dá outras providências.** Francisco Beltrão, 1974. Arquivo da Prefeitura Municipal.

PREFEITURA Municipal de Francisco Beltrão. Lei n. 477, de 17 de outubro de 1974. **Cria Fundação Faculdade de Ciências Humanas de Francisco Beltrão com a co-participação do Centro Pastoral, Educacional e Assistencial "Dom Carlos" a iniciar-se com os cursos de Estudos Sociais e Economia Doméstica.** Francisco Beltrão, 1974. Arquivo da Prefeitura Municipal.

RELAÇÃO das primeiras alunas matriculadas da Escola Normal Ginasial Nossa Senhora da Glória em 1959. Arquivo Pessoal de Ana Gracik.

Relatos orais e manuscritos

CASTANHA, Evaristo, **Entrevista concedida a Moacir da Costa Belliato,** dia 17 de junho de 2015.

DAVOGLIO, Gilda Beatriz, **Entrevista concedida a Moacir Belliato,** dia 10 de junho de 2015.

GAGLIOTO, Elena, **Entrevista concedida a Moacir Belliato,** dia 8 de dezembro de 2015.

GRACIK, Ana, **Entrevista concedida a Moacir Belliato,** dia 17 de junho de 2015.

MEURER, Daniel, **Entrevista concedida a Moacir Belliato** dia 23 de novembro de 2016.

NARCISA, Maria, **Entrevista concedida a Moacir Belliato,** dia 02 de junho de 2015.

NETO, Antônio Cantelmo, **Entrevista concedida a Moacir Belliato** dia 2 de agosto de 2016.

NIEDERHARTMANN, Luiz Carlos, **Entrevista concedida a Moacir Belliato** dia 8 de junho de 2015.

PADILHA, Félix, **Entrevista concedida a Carla Catelan, 2013.** *In:* WENCZE-NOVICZ, Thaís Janaína. Relatório do Estágio de Pós-Doutorado desenvolvido junto ao programa de Pós-Graduação em Educação da Universidade Estadual do Oeste do Paraná – Francisco Beltrão: Unioeste, 2015.

PONTERMAYER, Irmã Inês Teresinha, **Entrevista concedida a Moacir Belliato,** dia 19 de maio de 2015.

RADIN, Maria Iracema, **Entrevista concedida a Moacir Belliato** dia 04 de fevereiro de 2016.

RAMELLO, Neide Maria, **Entrevista concedida a Moacir Belliato** dia 8 de dezembro de 2016.

SHIESSL, Danilo, **Entrevista concedida a Moacir Belliato** dia 15 de dezembro de 2016.

TOMÉ, Noeli Helena, **Entrevista concedida a Moacir Belliato** em 16 de dezembro de 2015.

ANEXO A

Ata nº 1   2

Aos setes dias do mez de Outubro de
1957 as quatorze horas na Igreja de
Nossa Senhora da Gloria, neste povoado
de Mariecas, sob a direcão do Reverendis-
simo Padre Frei Leodato Gaiard; reuniram-
se os Snrs. João Pedro Mazzaro, Guerino
Faleris, Antonio Potrik, Rueri Cella, Luiz
Antonio Faedo, Vicente Longo, José Ozol-
ski, Feliciano Pessoas, Natalicio A. Tonolo,
Angelo Fascim, Teodoro Zanata, Ciro
Galbam, Pedro Feronato, Augusto De-Ross,
João Antunes, Luiz Cavanni; Odivino
Marmentini; Giadini, Luiz Pagi,
Julio Lago, Dionisio Dalas, João Dalla-
Vechia, Angelo Rodin, Luiz Lorengeti;
Luiz Menon, Olivio Locatelli; Angelo
De-Costa, Laurindo Gemelli; Attilio
Fausto, tendo esta reunião o objetivo
de criar um Colegio que sera
dirigido por Irmãs religiosas; em primeiro lugar foi tratado a compra de
direitos dos terenos urbano, sendo que
pelo Padre Leodato tratou do assunto com
os Senhores Luiz Antonio Faedo e
Luiz Pagi; tendo tratado com o primeiro Sr. Faedo aito lotes pelo preço de
(Cr$ 10.000,00) dez mil, e com o segun-
do Sr. Pagi 1 lote por CrD (1.500,00) um
mil e quinhtos; não deixando de mencio-
nar que os Sr Faedo dôaram um
tereno, ficando assim constituido
ditos terenos em numero de dez, pela
importancia que mais tarde irá pagar

no valor de Cr$ (11.500,00) onze mil e quinhentos cruzeiros.

Em segundo lugar, sem aver eleições foi escolhido a Comisão que dirigirá os destinos do mencionado Colégio a construir, sendo escolhido entre o presentes os senhores: João Pedro Mazzaro "Presidente", Guerino Petris "Secretário," e Antonio Petris "Tesoureiro".

E por fim deu-se início da "tomada em relação," de emproviso, das ofertas dos presentes.

E por não ter presente um livro de atas deixou-se de lavrar a presente na ocasião da reunião, que, mais tarde, ou na próxima reunião será aprovada a presente ata, que no impedimento do secretário eu João Pedro Mazzaro o a escrevi e assino

João Pedro Mazzaro
Guerrino Petris
Antonio Petrik
Zori Manoel Vargas
Pedro Ferronato
Pedro Zanella
Vitorio Traiano
Ezilio Piorezo
João Graquim
Luiz Menson
Augustino Fascim
Francisco Cemunello
Antonio Nordigom
Otavio de Recaiji
Brino Artull

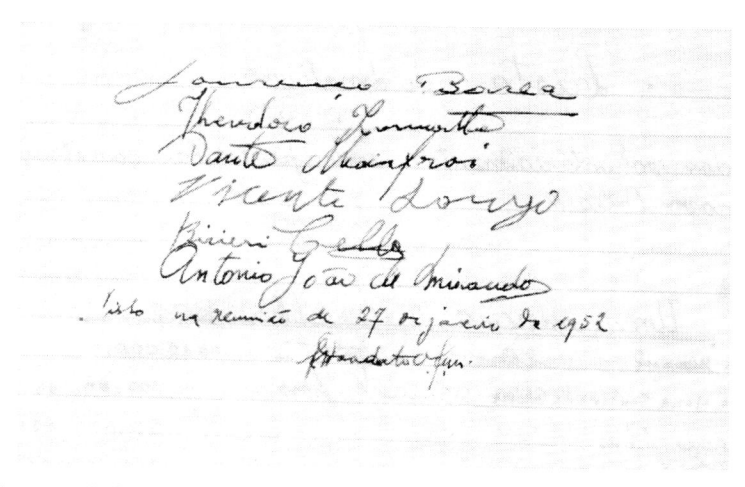

Fonte: Arquivo Colégio Nossa Senhora da Glória (2016).

ANEXO B:

Lista de donativos ofertados voluntáriamente em prol da construção do novo Colégio.

Um sincero Deus lhe pague:

Fonte: Arquivo Colégio Nossa Senhora da Glória (2016).

ANEXO C

1

Ata da Instalação da Escola Normal Colegial
"Regina Mundi"
Francisco Beltrão   Paraná

Aos vinte e oito de dezembro de mil
novecentos e sessenta e cinco, numa das salas da
Escola Normal Normal Colegial "Regina Mundi",
procedeu-se a Instalação da mesma.
Com a presença da Inspetora de Ensino
Médio Sra. Neley Elvira Dall'Agnol Nogueira também
representante da Inspetoria Regional de Ensino e
demais autoridades.
Os trabalhos foram seguidos na
ordem seguinte: foi lido pela sra Inspetora o
decreto da criação. Fora criada na cidade de
Francisco Beltrão a Escola Normal Colegial "Regina
Mundi" pelo decreto 19838 assinado pelo gover-
nador Ney Braga e Sauro Rigo Barros secretário
de Educação e Cultura do Estado do Paraná.
Em segunda tomaram posse a direto-
ra Irmã Maria Bento e Tereza de Jesus Bresan
secretária.
Em seguida falou o Sr Prefeito Muni-
cipal de Francisco Beltrão Antonio de Paiva Cantele
Padre José Kackenberg representante do vigário da
Paroquia, Ten. Juvencio Simas comandante do 1º
Cia. do 13 R. I. e Sr. Euclides Scalco em nome
da Câmara dos Vereadores; Irmã Adelmara
Zimmermann representando a Congregação das
Irmãs Escolares de Nossa Senhora.
A presente ata será assinada por
mim secretária ad hoc e pelas demais auto-

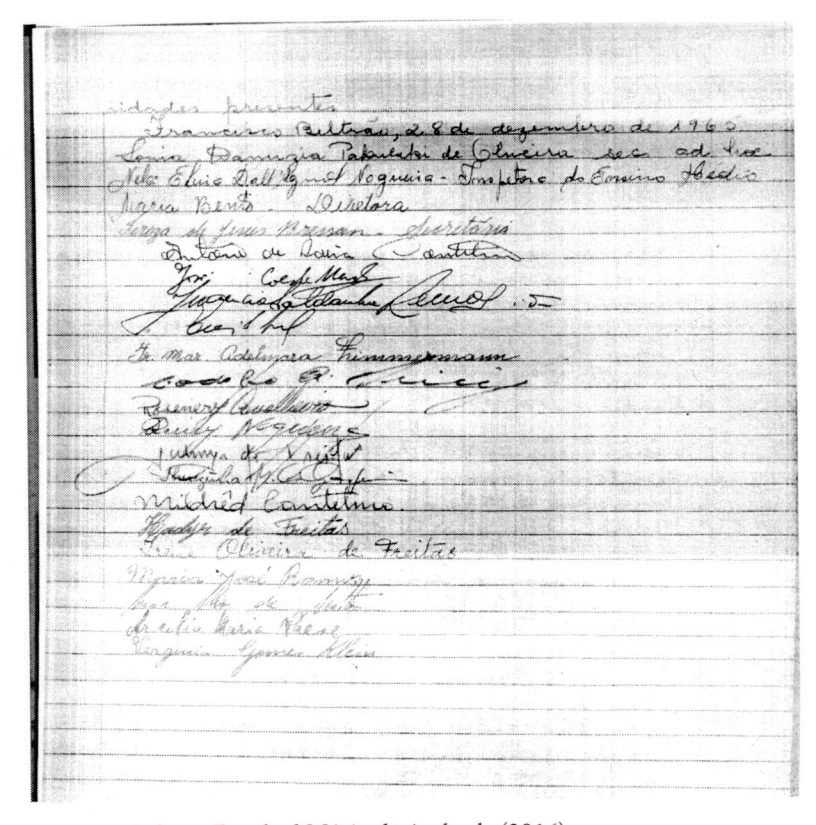

Fonte: Arquivo Colégio Estadual Mário de Andrade (2016).